コピーして授業・復習にすぐ使える

まるごと 社会科プリント

5年

JN094504

著 者：羽田 純一　　　企画編集：原田 善造

わかる喜び学ぶ楽しさを創造する教育研究所 略称：喜楽研

本書の特色と使い方

5年の社会科では、資料として多くのデータをグラフ等にして活用します。それらの多くは年々数値が変わっていき、より新しい資料が求められます。

また、社会の変化や地域差に応じて、資料の多様性も必要となってきます。これらのことを踏まえて、「よりわかりやすく、授業でも復習でも活用できる」というコンセプトを大事にした学習プリントを作成しました。

主体的・対話的で深い学びの一助に、本書の学習プリントを活用していただければ幸いです。

(1) 日々の授業や予習・復習・宿題等に使える学習プリント93シートを掲載しました

社会科の授業で基礎基本となる項目を、教科書の単元を中心に掲載しています。また、教科書の教材を深めたり、子どもたちの視野を広げたりできる独自の教材や資料も掲載しています。この学習プリントは、1時間の授業のどこかで1ページずつ活用していただくことを基本にコンパクトに編集をしています。子どもたちの興味・関心や地域の特性、指導時間に合わせて、先生方で自由に選択してご活用下さい。

(2) すべての学習プリントは、コピー可能です

本書はどのページもコピーして使っていただけます。A4をB4に拡大する場合は、122%に拡大してご使用ください。

(3) 子どもたちが楽しく学習できるように工夫しました

子どもたちは、作業をしたり体を動かして学習することが好きです。本書では、色塗りなどの作業を多く取り入れています。

解答は、○×式や選択肢から選ぶ方法を多く取り入れ、復習や宿題でも活用しやすくなっています。

(4) 教科書に対応して使いやすく作成しています

全国の現場の先生方に使っていただくために、教科書の資料や記述も重視して編成しました。全社の教科書に掲載されている内容を可能な限り取り入れ、どの地域のどの先生方にも使える内容になっています。

(5) 地域教材も活用しましょう

本書は、全国どこででも活用できることを念頭において編集しています。

しかし、5年生の学習では、地域の教材も大きなウエイトを占めています。それぞれの地域や学校の特色に応じて自由に選択して、本書を十分活用してください。また、本書のプリントを参考にして、その地域版を作ってより地域に根ざした授業を創造していかれることをおすすめします。

目 次

情報化した社会と産業の発展

わたしたちの生活と環境

〔 資 料 〕

世界の国々と日本

わたしたちの国土

名前 _____

1　P5の日本を赤くぬりましょう。

2　地図帳で調べて、①～⑱の国名を書きましょう。

①	⑩
②	⑪
③	⑫
④	⑬
⑤	⑭
⑥	⑮
⑦	⑯
⑧	⑰
⑨	⑱

3　日本を東経 140 度の経線が通っています。他に、この経線が通っている国を地図帳や地球儀でさがして、3つ書きましょう。

4　日本を北緯 40 度の緯線が通っています。他に、この緯線が通っている国を地図帳や地球儀でさがして、4つ書きましょう。

5　次の文で説明されている国を2の答えから選んで書きましょう。

① 世界で一番人口の多い国
② 世界で一番面積の大きい国
③ 世界最大の熱帯林がある国
④ ピラミッドやスフィンクスのある国

①
②
③
④

6　次の国の正式な名前を地図帳の資料ページで調べましょう。

① フランス　② イギリス　③ サウジアラビア

①	③
②	

世界の大陸と海

わたしたちの国土

名前 _____

① 左の①〜⑧にあてはまる世界の6大陸と3海洋の名前を書きましょう。

①	大陸	②	大陸	③	大陸
④	大陸	⑤	大陸	⑥	大陸
⑦	洋	⑧	洋	⑨	洋

② ①の大陸と海を地球儀でさがし、見つけたら左の地図の番号に色をぬりましょう。

③ クイズー地球儀や地図帳で調べて、①〜⑦の大陸名や海洋名を書きましょう。

① 世界のどの国の領土にもなっていない大陸です。

② 世界最大の海です。

③ この大陸はヨーロッパとアジアからなります。

④ 一番小さな大陸です。

⑤ 地球儀で日本の反対側にある海です。

⑥ 北部に世界一の砂漠がある大陸です。

⑦ 南の端が南極大陸に一番近い大陸です。

①	
②	
③	
④	
⑤	
⑥	
⑦	

日本の国土と周りの国々

わたしたちの国土

名
前

日本の位置と広がり

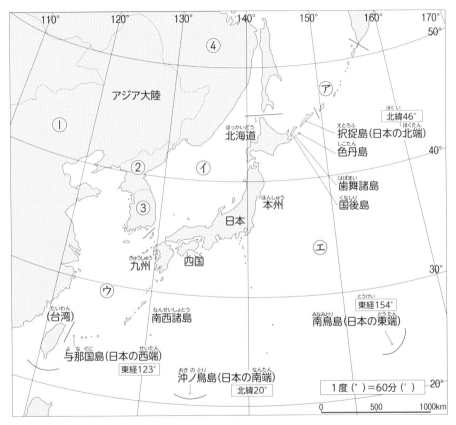

1度（°）＝60分（′）

0　　　500　　1000km

1　左の図を見て、周りの国々の名前や海洋名を書き入れましょう。

国名を□□□に、海洋名を⬭を書きましょう。

①	②
③	④

㋐	㋑
㋒	㋓

2　正しい方に○をしましょう。

①　日本は周りを（　海　・　陸地　）に囲まれている。

②　九州に一番近い国は（　韓国　・　中国　）である。

③　日本の国土はアジア大陸の（　西　・　東　）はし
にそって、（　弓　・　円　）形に連なっている。

緯度と経度

わたしたちの国土

月　日

名前 _____

1　地図帳を見て調べ、□ にあてはまる言葉や数字を入れましょう。

経度は地球上の東西の位置を表し、イギリスのロンドンを通る経線を □ 度として地球を東西に分け、それぞれ □ 度に区切っています。緯度は地球上の南北の位置を表し、

□ を０度として、北極・南極までをそれぞれ

□ 度に区切っています。

2　日本標準時は、何をもとに決められていますか。□ に数字を書きましょう。

兵庫県明石市を通る東経 □ 度の線によって決められています。

明石市立天文科学館（兵庫県）

3　下の図を見て答えましょう。

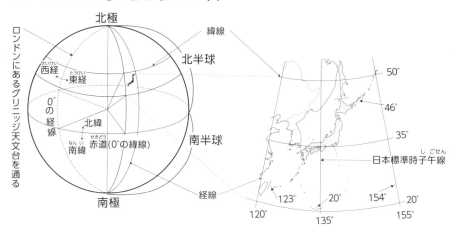

ロンドンにあるグリニッジ天文台を通る

北極　緯線　北半球
西経　東経
０の経線　北緯
南緯　赤道（0°の緯線）　南半球
南極　経線

日本標準時子午線
50°　46°　35°
123°　20°　154°　20°
120°　135°　155°

①　北極の位置を表しているものに（〇）をつけましょう。

（　　）北緯 180°　　（　　）北緯 90°
（　　）南緯 180°　　（　　）南緯 90°

②　南極の位置を表しているものに（〇）をつけましょう。

（　　）北緯 180°　　（　　）北緯 90°
（　　）南緯 180°　　（　　）南緯 90°

③　太陽は東からのぼってきます。北海道と沖縄県では、どちらの方が早く夜が明けるでしょう。

□

領土をめぐる問題

わたしたちの国土

名前 _____

1　日本と周りの国々との間で領土をめぐる問題が起きている
　Ⓐ・Ⓑ・Ⓒの場所の名前と相手国の名前を書きましょう。

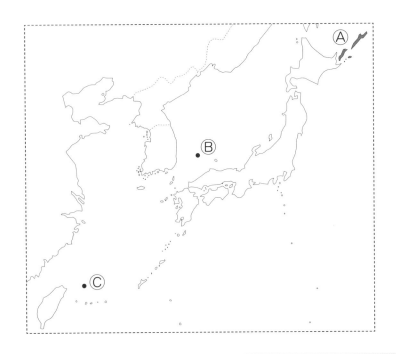

Ⓐ	場　所
	相手国

Ⓑ	場　所
	相手国

Ⓒ	場　所
	相手国

2　左の言葉と、それを説明している右の文を線で結びましょう。

① 領土　・

② 領海　・

③ はい他的経済水域　・

・海岸から200海里
　（約370km）までの海

・国が持つ陸地と、陸地に囲
　まれた川や湖

・海岸から12海里
　（約22km）までの海

3　領土をめぐる問題を解決するために大事なことは何だと思いま
すか。あなたの考えを書きましょう。

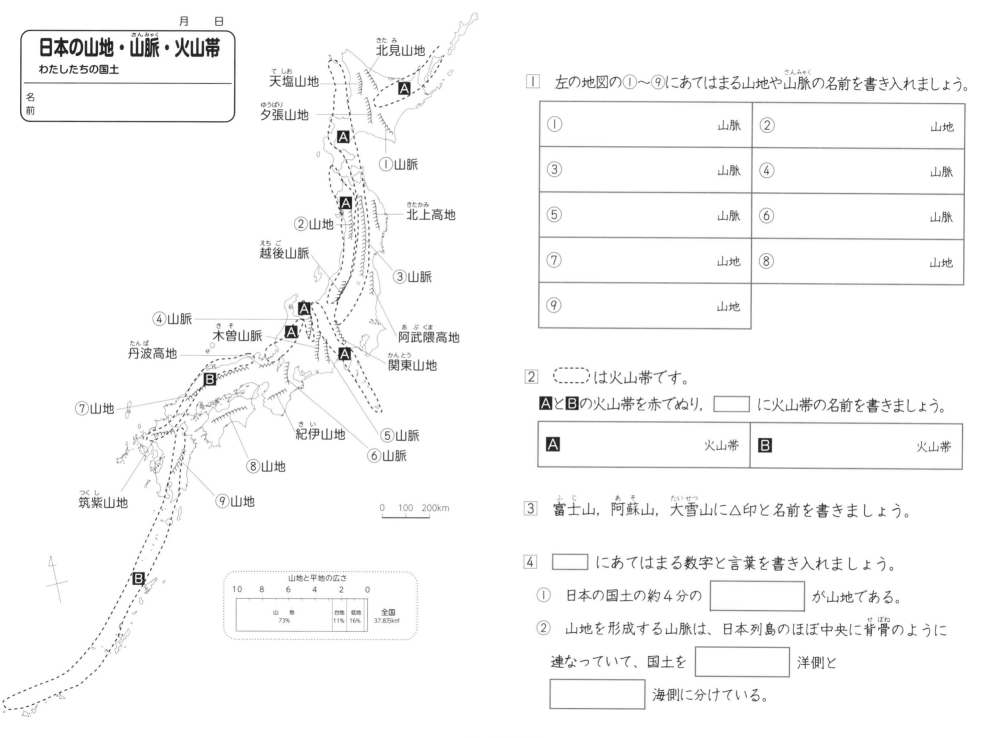

日本の山地・山脈・火山帯

わたしたちの国土

名前

北見山地
天塩山地
夕張山地
①山脈
北上高地
②山地
越後山脈
③山脈
④山脈
木曽山脈
阿武隈高地
丹波高地
関東山地
⑦山地
紀伊山地
⑤山脈
⑥山脈
⑧山地
筑紫山地
⑨山地

0　100　200km

山地と平地の広さ

10	8	6	4	2	0

山　地 73%	台地 11%	低地 16%	全国 37.8万km²

① 左の地図の①～⑨にあてはまる山地や山脈の名前を書き入れましょう。

① 山脈	② 山地
③ 山脈	④ 山脈
⑤ 山脈	⑥ 山脈
⑦ 山地	⑧ 山地
⑨ 山地	

② ⌐‐‐‐⌐は火山帯です。

　　 Aと**B**の火山帯を赤でぬり，☐に火山帯の名前を書きましょう。

A 火山帯	**B** 火山帯

③ 富士山，阿蘇山，大雪山に△印と名前を書きましょう。

④ ☐にあてはまる数字と言葉を書き入れましょう。

　① 日本の国土の約４分の ☐ が山地である。

　② 山地を形成する山脈は、日本列島のほぼ中央に背骨のように

　　連なっていて、国土を ☐ 洋側と

　　☐ 海側に分けている。

日本の平野や川

わたしたちの国土

名前

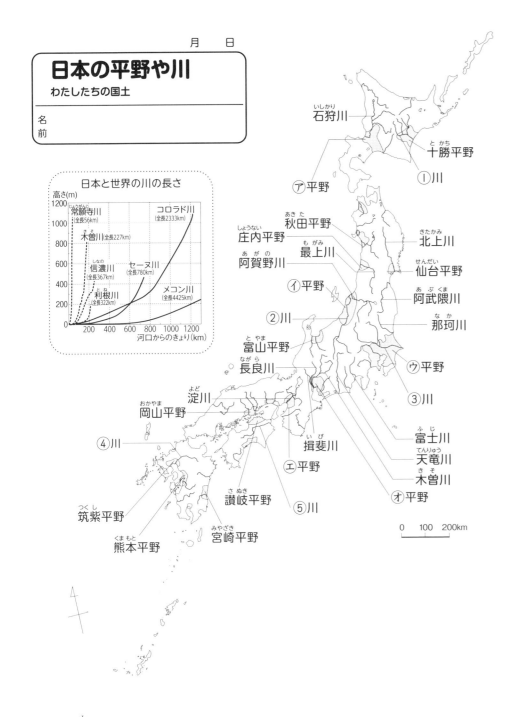

日本と世界の川の長さ

高さ(m)

常願寺川（全長56km）
コロラド川（全長2333km）
木曽川（全長227km）
信濃川（全長367km）
セーヌ川（全長780km）
利根川（全長322km）
メコン川（全長4425km）

河口からのきょり(km)

石狩川
十勝平野
①川
⑦平野
秋田平野
庄内平野
最上川
阿賀野川
北上川
仙台平野
①平野
阿武隈川
②川
那珂川
富山平野
長良川
淀川
岡山平野
④川
揖斐川
エ平野
讃岐平野
⑤川
筑紫平野
宮崎平野
熊本平野
ウ平野
③川
富士川
天竜川
木曽川
オ平野

0　100　200km

1　左の地図の⑦〜⑦にあてはまる日本の平野の名前を書きましょう。

⑦	平野	①	平野
⑦	平野	エ	平野
⑦	平野		

2　左の地図の①〜⑤にあてはまる日本の川の名前を書きましょう。

①	川	②	川
③	川	④	川
⑤	川		

3　□□にあてはまる言葉を書き入れましょう。

おもな川は、国土の中央に連なる山々を境にして、□□□□

側と□□□□□□□□側に流れこんでいる。大きな川の河口には

□□□□□□□が多い。川が運ぶ土砂が平野を作る。

※大きな川と平野の関係で地名を覚えましょう。

月　　日

名前 _____

① 左の言葉の説明を右の文から選び、線で結びましょう。また、□ にあてはまる言葉を書き入れましょう。

つゆ　・
・夏は □ から風がふいて、 □ 側に多くの雨を降らせ、冬は □ からの風がふいて、日本海側（にほんかい）に雨や □ を降らせる。

季節風・
・日本では、春、夏、秋、冬の季節の □ がはっきりと見られる。

台風　・
・６月中ごろから７月中ごろにかけて、雨が □ 降る。短時間で多くの □ を降らせることもある。

四季　・
・夏から秋にかけて日本をおそう。特に □ や九州地方（きゅうしゅう）、四国地方（しこく）に大雨や □ による被害（ひがい）を多くもたらす。

② 日本の各地の気候について、正しい説明には（○）、ちがっている説明には（×）をつけましょう。

（　）沖縄から北海道まで、どこも同じ時期に桜（さくら）が咲（さ）く。

（　）東北地方（とうほく）よりも九州地方のほうが桜は早く咲く。

（　）北陸地方（ほくりく）は、冬に雪が多く降る。

（　）３月には、北海道で海開きがあり海水浴（かいすいよく）ができる。

（　）同じ中部地方でも、高い山の上は気温が低く、海沿いの平野（うみぞ）のほうが気温は高い。

（　）花が咲いたり、木の葉が紅葉（こうよう）したり、雪が降ったり、季節によって自然の風景が変わる。

③ 右のような図を雨温図といいます。下の問いに答えましょう。

① 折れ線グラフと棒グラフ（ぼう）は、それぞれ何を表しているでしょう。

・折れ線グラフ □

・棒グラフ □

② つぎの気候は㋐㋑のどちらのグラフを表しているでしょう。

・日本海側の気候 □

・太平洋側（たいへいよう）の気候 □

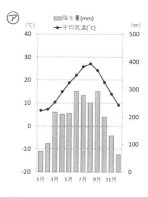

㋐

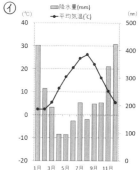

㋑

日本の地方区分

わたしたちの国土

名前 _____

[1] 日本の地方区分に色を分けて
ぬりましょう。

　北から、① 北海道 (赤色)、
② 東北 (青色)、③ 中部 (だいだい色)、
④ 関東 (もも色)、⑤ 近畿 (黄色)、
⑥ 中国 (きみどり色)、⑦ 四国 (みず色)、
⑧ 九州 (みどり色) の、
　８つの地方に分ける
　ことができます。

北海道地方

東北地方

中部地方

関東地方

中国地方

近畿地方

九州地方　　四国地方

0　100　200km

沖縄島

[2] ☐ にあてはまる数字や言葉を
書き入れましょう。

　日本の地方区分は ☐ つに
分けることがある。この他、東日本、
☐ というよび方や、太平洋側、
☐ 側というよび方もある。
沖縄県は ☐ 地方に入る。

日本の年間降水量

わたしたちの国土

名前 _____

[1] 年間降水量について色分け
しましょう。

■ ：3000mm以上　　（赤色）
▨ ：2200〜3000mm （オレンジ色）
▧ ：1400〜2200mm （緑色）
▥ ：1400mm未満　　（水色）

（北方領土は資料なし）

旭川

十日町

東京

福岡

大阪

高松

那覇

日本各地の1年間の降水量
（2003年刊　日本気候図）

[2] 上の地図をみて答えましょう。

① 年間降水量の少ないところに2つ〇をつけま
しょう。

（　　）北海道の東側　　（　　）九州地方
（　　）北陸地方　　　　（　　）瀬戸内地域

② 年間降水量の多いところに〇をつけましょう。

（　　）九州南部　　　　（　　）四国南部
（　　）東北の太平洋側　（　　）関東地方

日本の気候区分
わたしたちの国土

名前 _____

[1]　下の地図のそれぞれの気候の地域に色をぬりましょう。

青色	北海道地方の気候
緑色	日本海側の気候
もも色	太平洋側の気候
赤色	内陸の高地の気候
オレンジ色	瀬戸内海の気候
黄色	南西諸島の気候

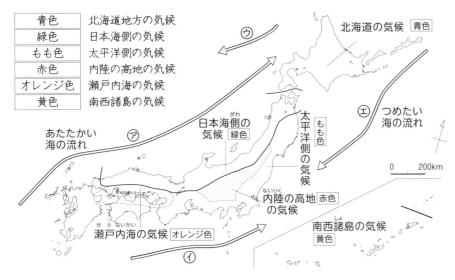

[2]　海の流れをあらわす矢印に色をつけましょう。

| あたたかい海の流れ | 赤色 |
| つめたい海の流れ | 青色 |

[3]　それぞれの気候区の説明の　　　　　にあてはまる言葉を右の〔　　〕から選んで書きましょう。

北海道の気候＝　　　　　　の寒さがきびしく、夏はすずしい。
降水量は、他の地域にくらべて少ない。

日本海側の気候＝冬に　　　　　　が多い。夏は、太平洋側と同じくらいの気温である。

太平洋側の気候＝冬に雨が少なく、九州南部、四国南部、紀伊半島東南部は夏に　　　　　　が多い。

内陸の高地の気候＝夏はすずしく、かんそうする。夏と冬の気温の差が　　　　　　。

瀬戸内海の気候＝一年をとおして雨が　　　　　　。気温の差が小さい。

南西諸島の気候＝冬は　　　　　　、夏は暑い。

〔　大きい　少ない　あたたかく　雪　雨　冬　〕

[4]　⑦～㋤の海流の名前を書きましょう。

| ⑦ | 　　　　　　海流 | ① | 　　　　　　海流 |
| ⑦ | 　　　　　　海流 | ㋤ | 　　　　　　海流 |

川にかこまれた土地 −輪中のようす−

わたしたちの国土

名前 ＿＿＿＿＿＿＿＿＿＿＿＿＿＿＿

1 輪中のある岐阜県海津市あたりの土地について、□ の中にあてはまる言葉を〔　　〕から選んで書きましょう。

　大昔、濃尾平野は海でした。木曽三川と呼ばれる □ 川、□ 川、□ 川の上流から土や砂が運ばれてきて、今の平野ができました。

　養分を多くふくんだ土で □ をするには適していました。

　しかし、下流のあたりは、土地が大変低く、□ もなく、自然のまま流れていた川は、大雨が降ると流れを変え、洪水となって □ や人々の □ をうばっていました。

〔　田畑　木曽　堤防　漁業　長良　命　いび　農業　〕

上流

下流

このあたり、左は現代　右が昔

2 木曽川、長良川、いび川の位置を地図帳で確かめ、水色をぬりましょう。

3 海面より低い土地 □ に黄色をぬりましょう。

4 輪中の説明を下から選んで（○）をつけましょう。

（　）水害から守るため、家のまわりに石垣を積んだ。
（　）川にかこまれた土地のまわりに堤防をつくった。
（　）家を輪のように丸く建てて中に広場をつくった。

5 左の地図は、昔の輪中のようすです。川 □ を水色でぬりましょう。

6 昔の木曽三川と今の木曽三川をくらべると、どのような違いがありますか。

ながら川
いび川
きそ川

輪中のくらしと農業

わじゅう

名前

わたしたちの国土

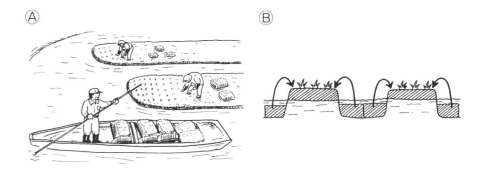

Ⓐ　　　　　　　　　　　　Ⓑ

1　これは「水屋」とよばれているものです。上のイラストを見ながら　　　にあてはまる言葉を〔　〕から選んで書きましょう。

　母屋よりさらに一段と高い　　　　　　　の上にある「水屋」には、洪水で避難しても数日間の生活が出来るように　　　　　　　や　　　　　　　などを保管した倉庫を作りました。ひとたび洪水がおこれば、水がひくまで長期間水屋で生活をしていました。平時は水屋や軒下などに「　　　　　　　」とよばれる舟をつるして災害にそなえていました。

〔　衣服　　上げ舟　　食料　　石積み　〕

2　農業のようすについて、上のイラストⒶⒷを見ながら　　　にあてはまる言葉を〔　〕から選んで書きましょう。

　輪中は土地が　　　　　　　く、水はけが悪いので、雨が降ればすぐ　　　　　　　につかってしまいます。そのため、イラストⒷのように土地の一部をほり下げ、そのほった土を盛り上げて　　　　　　　を高くしました。

　この高くなった田は「ほりあげ田」とよばれました。ほり下げたところは「ほりつぶれ」とよばれ、水がたまるので、　　　　　　　として利用されました。農家の人は　　　　　　　を使って農作業に向かいました。

　「ほりあげ田」と「ほりつぶれ」をあわせて　　　　　　　といいます。

〔　田　　水路　　道路　　ほり田　　高　　低　　船　　水　〕

沖縄の気候と台風

わたしたちの国土

名前 _____

---

① 地図帳を見て調べましょう。

自分たちの地域の月別降水量を沖縄の棒グラフの横に青で書き、気温を赤の折れ線グラフで書きましょう。

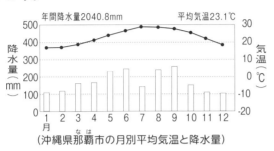

年間降水量2040.8mm　　平均気温23.1℃

降水量（mm）　　気温（℃）

（沖縄県那覇市の月別平均気温と降水量）

---

② 沖縄の人たちのくらしごよみと、わたしたちのくらしを比べてみましょう。

比べること	沖縄地方	わたしたちの都道府県（　　　）
桜の咲く時期	1月	月
海開きの時期	4月はじめ	月
冷房のいる時期	5月～10月中ごろ	月～　月
暖房のいる時期	12月中ごろ～3月はじめ	月～　月
稲かりの時期	1回目7月・2回目11月	月
梅雨の時期	5月～6月はじめ	月～　月

---

③ 比べてみてわかったことを書きましょう。

---

④ 沖縄の家のつくりを調べてみましょう。

下の絵を見ながら □ にあてはまる言葉を書きましょう。

沖縄の昔からある家

コンクリートの住宅とタンクのある家

① 戸を広くとってあるのは、□ をよくして、暑さや湿度をやわらげるためです。

② 家のまわりに、さんごを積んだ石垣や、「ふくぎ」という木を植えているのは、強い □ を防ぐためです。

③ 最近の住宅は □ で作られた家が多くなってきています。

④ 水不足になりやすい沖縄では、家の屋根にあるタンクに □ をたくわえています。

---

⑤ 下の棒グラフを見て、台風が近づいた回数の多い地域を二つ書きましょう。

台風が近づいた回数
（2012年刊 理科年表）
（回）
（1981～2010年の合計）

54　78　93　75　99　96　78　96　195　222

北海道　東北　関東中部　北陸　東海　近畿　中国　四国　九州　沖縄

	地域名	台風が近づいた回数
1位		回
2位		回
自分たちの地域		回

気候を生かした農業

わたしたちの国土

名前

1　右のグラフを見て答えましょう。

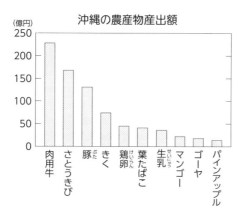

沖縄の農産物産出額
(億円)

① 沖縄の産出額の１位と２位の産物を書きましょう。

１位 _____

２位 _____

② 沖縄の作付面積の１位と２位を書きましょう。

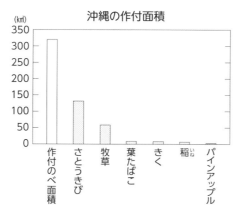

沖縄の作付面積
(km²)

１位 _____

２位 _____

③ ２つのグラフからわかる沖縄の農業の特色を〔　〕から選んで書きましょう。

_____ の栽培面積が特に大きく _____ や

_____ を飼って肉を生産する _____ もさかんです。

〔 牛　馬　ぶた　稲作　畜産　畑作　さとうきび 〕

2　沖縄でのさとうきびの栽培について □ にあてはまる言葉を〔　〕から選びましょう。

さとうきびは、干ばつや □ に強く、沖縄の □ の強さにもたえられます。□ や湿度が高い沖縄の気候にあっているため、多く栽培されるようになりました。また、沖縄の多くの □ が酸性土じょうなのも栽培に適していました。

〔 日ざし　つゆ　気温　台風　川　土地　騒音 〕

3　小菊の生産と出荷について下のグラフを見て答えましょう。

① 沖縄県から一番多く出荷されているのは何月ですか。

_____

② □ にあてはまる言葉を〔　〕から選びましょう。

あたたかい気候なのでビニールハウスで育てるときに □ 費が □ くてすみます。電灯の照明で □ 時期を調整し、冬や □ に出荷すると □ ねだんで売れます。

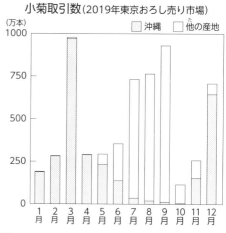

小菊取引数(2019年東京おろし売り市場)
(万本)
□沖縄　□他の産地

〔 春　開花　暖ぼう　高い　安 〕

沖縄の開発

わたしたちの国土

名前 _____

1　沖縄県の観光について、下のグラフや地図を参考にして、□にあてはまる言葉を〔　〕から選んで書きましょう。

□　の南につらなる島々で□島から南の島々が沖縄県です。美しい□や史跡(しせき)などが多く、年々、観光客が増え続け、2018年には、沖縄の人口145万人の□倍近い□万人が沖縄をおとずれています。

〔　沖縄　　九州　　山　　海
　　7　　　100　　1000　〕

沖縄への観光客数
（万人）

| (年) | 72 | 75 | 80 | 85 | 90 | 95 | 00 | 05 | 10 | 15 | 18 |

2　観光開発がさかんになると起こる問題について、イラストを参考にして、□にあてはまる言葉を〔　〕から選んで書きましょう。

① □が建ち、たくさんの□が来てゴミを出していきます。

リゾートホテル

② 観光施設(しせつ)や道路建設などの土地開発により□や□が海に流れこみ、海をよごします。その結果、沖縄の海の□が死んでいきます。

サンゴしょう

③ ゴルフ場の雑草(ざっそう)を防(ふせ)ぎ芝生(しばふ)を守るためにまかれる□が海に流れこみます。

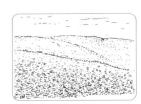
死んだサンゴしょう

④ □などの貴重(きちょう)な動植物も環境(かんきょう)の変化で減ってきています。地域(ちいき)の発展(はってん)と引きかえに、□を破壊(はかい)するという問題が起こっています。

ゴルフ場

〔　赤土　　除草剤(じょそうざい)　　自然　　ヤンバルクイナ
　リゾートホテル　　土砂(どしゃ)　　観光客　　サンゴ　〕

米の産地ベスト10

名前 _____

わたしたちの生活と食料生産

① 下の表で、米の作付面積のベスト10と、とれ高のベスト10にそれぞれ色をぬりましょう。（巻末の白地図にもぬってみましょう。）

都道府県	作付面積	とれ高	都道府県	作付面積	とれ高	都道府県	作付面積	とれ高
全国	146.9	778.0	新潟	11.8	62.7	鳥取	1.2	6.3
北海道	10.4	51.4	富山	3.7	20.5	島根	1.7	9.1
青森	4.4	26.3	石川	2.5	13.0	岡山	3.0	15.6
岩手	5.0	27.3	福井	2.5	13.2	広島	2.3	12.2
宮城	6.7	37.1	山梨	0.4	2.6	山口	1.9	10.3
秋田	8.7	49.1	長野	3.2	19.9	徳島	1.1	5.3
山形	6.4	37.4	岐阜	2.2	10.7	香川	1.2	5.9
福島	6.4	36.4	静岡	1.5	7.9	愛媛	1.3	6.9
茨城	6.8	35.8	愛知	2.7	13.7	高知	1.1	5.0
栃木	5.8	32.1	三重	2.7	13.7	福岡	3.5	18.2
群馬	1.5	7.8	滋賀	3.1	16.2	佐賀	2.4	12.9
埼玉	3.1	15.5	京都	1.4	7.2	長崎	1.1	5.7
千葉	5.5	30.1	大阪	0.5	2.4	熊本	3.3	17.6
東京	0.13	0.05	兵庫	3.7	18.2	大分	2.0	10.3
神奈川	0.3	1.5	奈良	0.8	4.4	宮崎	1.6	7.9
2018年　農水省			和歌山	0.6	3.1	鹿児島	1.9	9.2
(単位:面積＝万ha　とれ高＝万t)						沖縄	0.07	0.2

② わかったことを書きましょう。

_____

米づくりのさかんな地域の自然

名前 _____

わたしたちの生活と食料生産

① 右の土地利用図を見て、庄内平野の水について ___ にあてはまる言葉を〔　　〕から選んで書きましょう。

＜例＞庄内平野の土地利用図

多くの川が流れて、___ のすみずみまでうるおしています。

まわりの山々に降った ___ が、

春には ___ て川に流れこみ、

___ の心配はありません。

〔　雨　雪　平野　洪水　水不足　とけ　〕

② ほぼ同じ緯度にある気仙沼市と庄内平野の酒田市のグラフを見て答えましょう。

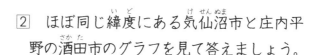
月別平均気温

① 夏の気温が高いのはどちらでしょう。 ___

② 庄内平野の夏の気温を高くしているものを下から2つ選び、○をしましょう。

（　）日本海の暖流　　（　）季節風

（　）まわりの山を越えてくる暖かい風

（　）日本の南の方に位置している

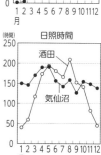
日照時間

③ 夏の日照時間が長いのはどちらでしょう。 ___

④ 庄内平野は稲が成長する夏に、___ が高くなり、___ も長くなるので米づくりに適している。

米づくりの1年

わたしたちの生活と食料生産

名前 _____

|1月|
|2月|
|3月|
|4月|
|5月|
|6月|
|7月|
|8月|
|9月|
|10月|
|11月|
|12月|

土づくり

種もみを選ぶ
たい肥を選ぶ
① □
田おこし
② □
③ □
水の管理
田のみぞをほる
田の水をぬく
④ □
肥料をまく
⑤ □
だっこく、かんそう、もみすり

たい肥づくり

土づくり

〔 しろかき　稲かり　田植え
　なえつくり　農薬をまく 〕

1 絵を参考にして、□にあてはまる作業を下の〔　　〕から選びましょう。

①　②　③　④　⑤

2 よい種もみを選ぶために食塩水につけます。

① 浮いたもみと沈んだもみのどちらがよい種もみですか。正しい方に○をつけましょう。

（　　）浮いたもみ

（　　）沈んだもみ

② なぜそう考えましたか。理由を書きましょう。

3 田おこしは、何のためにするのか、考えてみましょう。

〈ヒント〉冬の間に田の土は、かたくなっている？　やわらかくなっている？

4 農薬を使う目的を2つ書きましょう。

米づくりと土・水

名前

月　日

1　□□□にあてはまる言葉を下の〔　　〕から選びましょう。

　米をたくさん作るために、少量で速く効く　□□□□　がよく使われます。しかし、使いすぎると土が悪くなったり、環境汚染の原因にもなります。そのため、□□□□□　や　□□□□　などをくさらせた　□□□□　も肥料として使います。これを作るためには、手間と時間が必要です。

　よい土で稲を育てると、じょうぶに育ち、□□□□　や害虫にも強くなり、□□□□□　の量を減らすこともできます。

〔　家畜のふん　病気　堆肥　用水
　土　農薬　化学肥料　落ち葉　〕

2　右のグラフを見て、問いに答えましょう。

① 化学肥料の使用量はどのように変わっていますか。

□□□□□□□□□□

② 堆肥の使用量は、どのように変わってきていますか。

□□□□□□□□□□□□□□□□□□□

水稲に対する化学肥料と堆肥使用量の推移

凡例：
- 化学肥料
- ● 堆肥

縦軸左：化学肥料使用量 (kg/10a) 0〜35
縦軸右：堆肥 (kg/10a) 0〜1000
横軸：1950 55 60 65 70 75 80 85 90 95 00 05 (年)

3　□□□にあてはまる言葉を下の〔　　〕から選びましょう。

*印は同じ答え

　稲がよく育つためには *□□□□　の管理がとても大切です。水は保温力があるので、田植えをした直後は水の深さを　□□□□　にして、苗を風や　□□□□　から守ります。稲が根づいてから穂が出るまでの間に、何度も水を入れたりぬいたりすることもあります。

　7月頃には田の水をぬいて土を　□□□□　ます。こうすると、酸素をふくんだ空気が　□□□□　の中に入り、□□□□　がよくのびて、しっかりと養分が吸収できます。この他にも、気温によって *□□□□　の深さをこまめに調節します。

　田には、水の管理のために、水を入れる　□□□□　や水をぬくための　□□□□　があります。

〔　深め　根　排水路　用水路
　水　土　かわかし　寒さ　〕

庄内平野の用水路
凡例：用水路を利用している地区／水路
0　10km
月光川／日向川／最上川／赤川／日光川

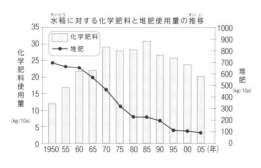
▲水田の断面図
用水路／取水口／地下の給水路／排水用地下パイプ／す焼きのパイプ／もみがら／排水口

25　（122%拡大）

月　　日

米のとれ高と消費量
わたしたちの生活と食料生産

名前　＿＿＿＿＿＿＿＿＿＿＿＿

1　下のグラフを見て、問いに答えましょう。

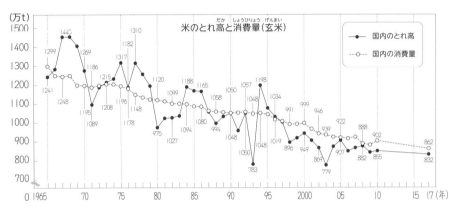

米のとれ高と消費量（玄米）

（万t）

● 国内のとれ高
○ 国内の消費量

① 米の消費量は、どのように変化していますか。

② 米の消費量が①のようになってきた理由を考えましょう。

2　米のとれ高の変化について ☐ にあてはまる言葉を〔　　〕から選びましょう。

① 農家の ☐ がいなくなり、全体としては米のとれ高が ☐ きている。

② 田が、 ☐ や工場などに変わってきた。

〔　住宅　　減って　　あとつぎ　〕

月　　日

専業農家と兼業農家
わたしたちの生活と食料生産

名前　＿＿＿＿＿＿＿＿＿＿＿＿

1　左の言葉の説明をしている文を線で結びましょう。

専業農家　・

第1種兼業農家　・

第2種兼業農家　・

・　農業と他の仕事を兼ねていて、農業以外の収入の方が多い。

・　農業だけをしていて、兼業の人が家族に1人もいない。

・　農業と他の仕事を兼ねているが、農業からの収入の方が多い。

2　グラフを見て、農家数の移り変わりについて答えましょう。

専業農家と兼業農家 （1990〜2010年：＋自給的農家）

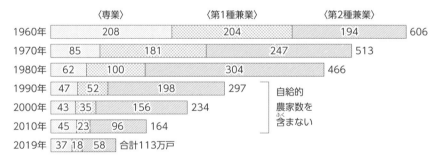

	〈専業〉	〈第1種兼業〉	〈第2種兼業〉	
1960年	208	204	194	606
1970年	85	181	247	513
1980年	62	100	304	466
1990年	47	52	198	297
2000年	43	35	156	234
2010年	45	23	96	164
2019年	37	18	58	合計113万戸

自給的農家数を含まない

① 農家数全体は、どのように変わってきていますか。

② 1970年以後で、全体の半分以上を占めてきたのはどれですか。

③ 1990年頃からあまり多く減っていないのはどれですか。

進む機械化

わたしたちの生活と食料生産

名前 _____

月 日

1 右の2つのグラフを見て、問いに答えましょう。

① 農作業の時間はどのように変わってきていますか。

② 特に時間の変化が大きい作業を2つ選びましょう。

③ 農作業で使われる機械の数は、どのように変わってきていますか。

ア 耕うん機・トラクター

イ 田植え機　　　ウ コンバイン

④ 農作業の時間が短くなってきた理由を書きましょう。

年間耕作時間の移り変わり(10aあたり)

(時間)
160 140 120 100 80 60 40 20 0

凡例：苗づくり　草取り　田おこし　水の管理　堆肥・土づくり　稲かり・だっこく　田植え　その他

1965　70　80　90　2000　18 (年)

(農林水産省調べ)

農業機械の普及(農家100戸あたりの台数)

(台)
140 120 100 80 60 40 20 0

耕うん機・トラクター：36　62　76　87　98　110　113　132　97.3　100.1
田植え機：13　34　42　49　51　45　61　49.5　47.5
コンバイン：1　6　17　24　30　33　62.7　61.7

1965　70　75　80　85　90　95　2000　05　10(年)

(2010年 世界農林業センサス：農林水産省)

2 下の絵を見て昔と今の農作業を比べて、その違いを書きましょう。

＜作業のやり方や使う物＞

＜作業の早さや働く人の負担＞

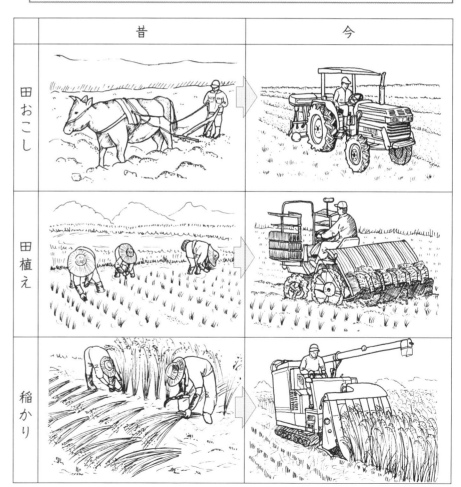

	昔	今
田おこし		
田植え		
稲かり		

肥料と農薬

わたしたちの生活と食料生産

名前 ＿＿＿＿＿＿＿＿＿＿＿＿＿＿＿＿＿＿＿＿＿

1　右のグラフを見て答えましょう。

① 日本は世界の国々と比べて、肥料を使う量が多い方ですか、少ない方ですか。

＿＿＿＿＿＿＿＿＿＿＿＿＿＿

② なぜ、①のようになるのだと思いますか。

（　　） せまい土地でたくさん収穫しようとするから。

（　　） 日本は特に害虫が他の国より多いから。

（　　） 肥料がたくさんあまっているから。

③ 化学肥料の消費量はどのように変わってきていますか。

＿＿＿＿＿＿＿＿＿＿＿＿＿＿

世界の国々の肥料消費量
（耕地1haあたり）

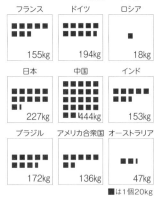

フランス	ドイツ	ロシア
155kg	194kg	18kg
日本	中国	インド
227kg	444kg	153kg
ブラジル	アメリカ合衆国	オーストラリア
172kg	136kg	47kg

■は1個20kg

日本の化学肥料の消費量の移り変わり

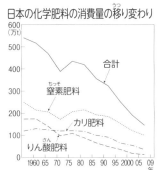

合計／窒素肥料／カリ肥料／りん酸肥料
（万t）600 500 400 300 200 100 0
1960 65 70 75 80 85 90 95 2000 05 09年

2　化学肥料のよい点と、使いすぎた場合の問題点を考えて □ にあてはまる言葉を〔　　〕から選んで書きましょう。

〈よい点〉 ききめが □ く、買えば □ に使える。

〈問題点〉 使いすぎると □ が悪くなる。

自然 □ にも悪い影響をあたえる。

〔　土　　速　　空気　　手軽　　遅　　環境　〕

3　⑦の絵で、模型のヘリコプターで何をしているのか下から1つ選び、（○）をつけましょう。

（　　） 肥料をまいている。

（　　） 農薬をまいている。

（　　） 稲の育ちを調べている。

4　①の絵は「あいがも農法」とよばれています。

① あいがもに何をさせているのでしょうか。

＿＿＿＿＿＿＿＿＿＿＿＿＿＿

② これの良い点はどんなことですか。

＿＿＿＿＿＿＿＿＿＿＿＿＿＿

5　□ にあてはまる言葉を〔　　〕から選んで入れましょう。

化学肥料を使わずに □ などを肥料にする栽培方法を □ といいます。また、農薬をできるかぎり使わないようにしたり、あいがもや害虫の天敵になる □ などを利用する □ も行われています。農薬は、害虫を退治するのに効果がありますが、使いすぎると、環境や人体にも □ 影響をあたえます。

〔　無農薬栽培　昆虫　無機栽培　有機栽培　良い　悪い　堆肥　〕

おいしい米を全国へ

わたしたちの生活と食料生産

名前 _____

お米の流れ

外国 → 政府 ⇄ 蓄え

農家 → 農協など → 米屋 スーパー デパート 生協 など → 消費者

政府 → 米屋 スーパー デパート 生協 など

◉ お米の流れについて、□にあてはまる言葉を〔　〕から選んで、記号を書きましょう。

農家で収穫された米は、□□□を受けてから倉庫で保管されます。かりとったもみを□□□させ、そのまま保管しておく□□□の利用もふえています。

出荷は、□□□やJR貨物などを利用して全国の消費地に運ばれます。米は、□□□を通じて販売されるほかに、□□□や生協などでも売られたり、インターネットなどで□□□が直接販売することもあります。

〔 ㋐トラック　㋑カントリーエレベーター　㋒スーパー　㋓検査　㋔農協　㋕かんそう　㋖農家 〕

環境にやさしい水田

〈学びをひろげる〉

わたしたちの生活と食料生産

名前 _____

① 水田は、環境にもやさしい働きをしています。どんな働きがあるか、水田のようすを思い浮かべながら□に入る言葉を〔　〕から選びましょう。(下の絵も参考にして)

〈水〉雨水などを□□□、□□□をふせぐ

〈生物〉いろいろな生き物の□□□になる

〈空気〉□□□を出して、空気を□□□にする

〈気温〉気温の□□□をやわらげ、調節する

〔 すみか　変化　きれい　洪水　たくわえ　酸素 〕

② 上の右の絵を見て、下の□にあてはまる言葉を〔　〕から選びましょう。

山の斜面を細かく区切って、階段のようにした田を□□□といいます。たくさんの田があることから□□□とよばれているところもあります。ここは、1まい1まいの田がせまいので、大きな□□□は使えません。今でも、ほとんど□□□で、米づくりが行われています。ここでは、洪水や□□□の流出をふせぐ働きもあり、また、独特の美しい□□□を作りだしています。

〔 土砂　手作業　棚田　機械　風景　千枚田 〕

食たくの水産物

名前

わたしたちの生活と食料生産

① 一週間にどんな水産物を食べましたか。食べた水産物に○をつけましょう。

あじ	いか	いわし	うなぎ	うに	えび	かに	かつお
かじき	かれい	さけ	さば	さんま	すずき	たこ	たい
つばす	とびうお	にしん	のり	はまち	ひらめ	ぶり	ます
まぐろ	むつ	さわら	あさり	しじみ	かき	さざえ	はまぐり

その他

② 絵を見て知っている水産物や加工品の名前を書きましょう。

（例）かずのこ   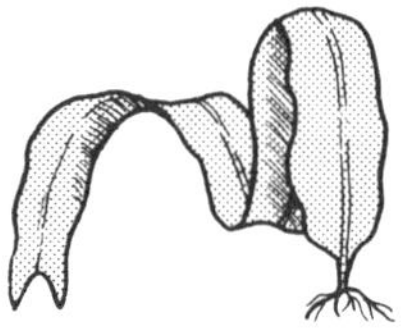		
		（　）づめ
	焼鮭	（　）づめ

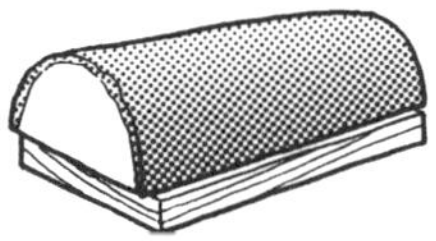

③ ①と②を答えてみて、気がついたことを書きましょう。

④ 水産物や，水産物が入っているものに（○）をつけましょう。

（　　）たらこマヨネーズ　　（　　）ところてん

（　　）こんにゃくゼリー　　（　　）えびせん

（　　）のしいか　　　　　　（　　）ふかひれ

（　　）ぜんざい　　　　　　（　　）チーズ

（　　）チョコレート　　　　（　　）焼きのり

水産物の消費と輸入

わたしたちの生活と食料生産

名前 _____

月　日

1　魚介類の消費について、下の地図を見て、□ にあてはまる数字や言葉を書きましょう。

1人1日あたりの消費量が多い国は [＿＿＿＿＿＿＿] ・

韓国です。日本は [＿＿＿＿] gで世界第 [＿＿＿＿] 位です。

世界平均は [＿＿＿＿＿] gなので、日本は世界でも [＿＿＿＿＿] を

よく食べる国のひとつだといえます。

2　魚介類の輸入について、下のグラフを見て、□ にあてはまる言葉を書きましょう。

水産物の輸入量は1995年ごろまでは [＿＿＿＿＿] いますが、

以後は食生活の変化などで [＿＿＿＿＿] います。輸入量が多い水産物は

① [＿＿＿＿＿＿＿]　② [＿＿＿＿＿＿＿]

③ [＿＿＿＿＿] です。

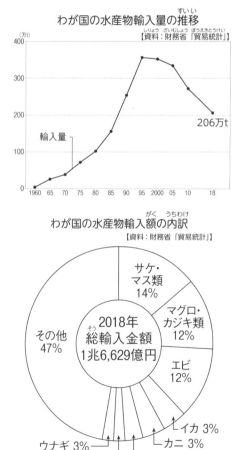

わが国の水産物輸入量の推移
【資料：財務省「貿易統計」】

206万t

わが国の水産物輸入額の内訳
【資料：財務省「貿易統計」】

2018年
総輸入金額
1兆6,629億円

サケ・マス類 14%
マグロ・カジキ類 12%
エビ 12%
イカ 3%
カニ 3%
タコ 3%
ニシン 3%
ウナギ 3%
その他 47%

おもな国の魚介類の1人1日あたりの消費量　2013年（単位g）

200g以上　　100g以上　　100g未満

アイスランド 252
ノルウェー 143
韓国 206
日本 136
フランス 92
スペイン 116
インド 14
ミャンマー 149
中華人民共和国 120
フィリピン 87
アメリカ合衆国 59
ペルー 67
ブラジル 30
インドネシア 77
オーストラリア 71
世界平均 52

【FAO Food Balance Sheets】

水産業のさかんな地域

わたしたちの生活と食料生産

名前 _____

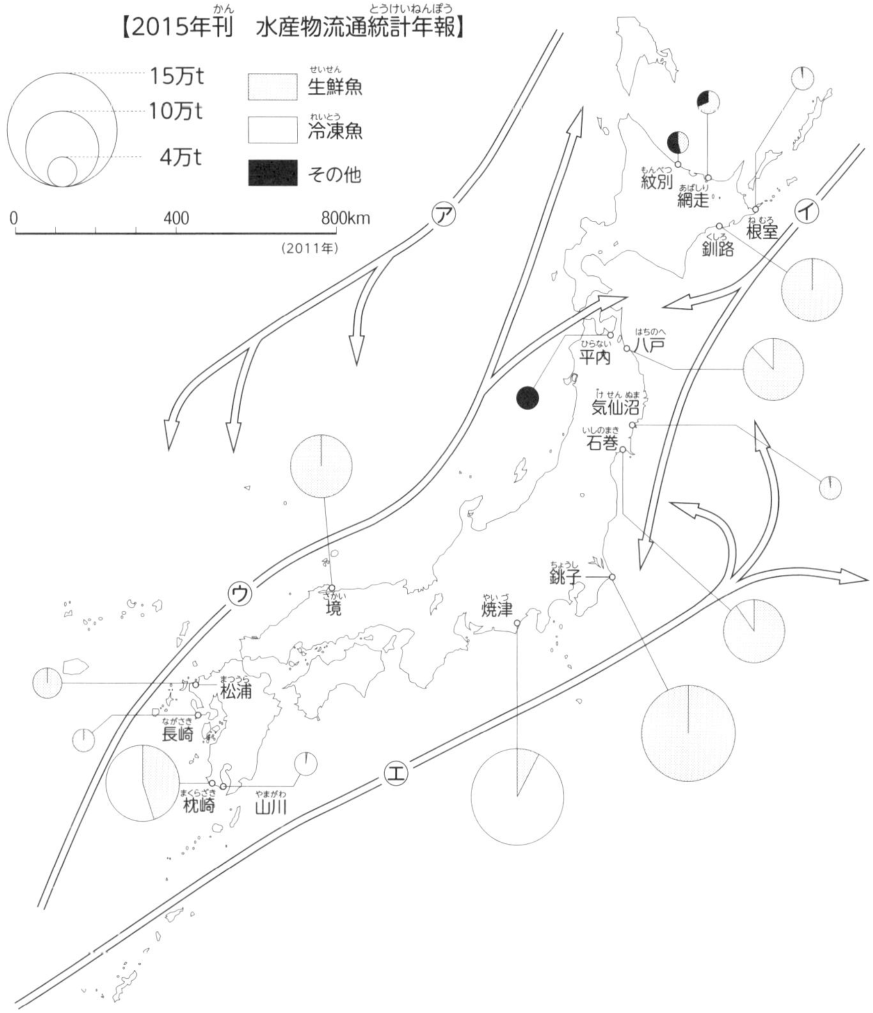

月　日

【2015年刊　水産物流通統計年報】

- 15万t
- 10万t
- 4万t

生鮮魚
冷凍魚
その他

0　　　400　　　800km

(2011年)

紋別
網走
釧路
根室
ア
イ
八戸
平内
気仙沼
石巻
境
松浦
長崎
枕崎
山川
銚子
焼津
ウ
エ

① 左の地図の⑦から①の海流の名前を書きましょう。

⑦ [　　　　　　] 海流　　① [　　　　　　] 海流

⑦ [　　　　　　] 海流　　① [　　　　　　] 海流

② 暖流（赤色）と寒流（青色）に色分けしましょう。

③ 下の [　　] にあてはまる言葉を書きましょう。

日本の近海には [　　　　　] と [　　　　　] の両方の海流

が流れている。その両方の魚がとれるので、魚の [　　　　] が

多い。大陸だなも広く、魚が育ちやすい条件がそろっている。

④ 水あげ量が多い漁港の名前を7つ書きましょう。

[　　　] [　　　] [　　　] [　　　]

[　　　] [　　　] [　　　]

⑤ 左の地図のように、日本近海がよい漁場になっているのはなぜ
でしょう。今までの学習や調べたこととあわせて考えましょう。

[　　　　　　　　　　　　　　　　　　　　　　　]

魚を集めてとるまきあみ漁

わたしたちの生活と食料生産

名前 _____

月　日

1　右の絵について答えましょう。

① このような魚のとり方を
何といいますか。

| □□□□ 漁 |

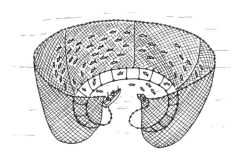

② この漁のやり方を説明し
た文の □ にあてはまる
言葉を下の〔　　〕から選びましょう。

それぞれの役割を持った船で □□□□□ を組んで漁をします。

魚群 □□□□□ 機 を積んだ船が魚の群れを見つけると、

□□□□□ を照らした船が魚の群れを集め、あみ船があみを

海にいれながら魚を □□□□ こんでとります。とれた魚は

□□□□ 船 に積んで運びます。

〔
集魚灯　街灯　隊列　囲い
運ぱん　探知　ひき　船団
〕

2　長崎県の漁業について、下のグラフ、地図、教科書などを参考
にして、あてはまるものに（○）をつけましょう。

（　　）長崎県は、島が多く大陸だなが広がっていてよい漁場がある
ので、とれる魚の種類が多い。

（　　）長崎県は海岸線が長く複雑なので漁港が少なく、漁港の数は
大小合わせても５０ぐらいである。

（　　）長崎漁港や松浦漁港は、長崎県の中では生産額の多い漁港で
ある。

（　　）長崎漁港の近海では、沖合漁業がさかんである。

（　　）長崎県は全国で一番漁獲量が多い。

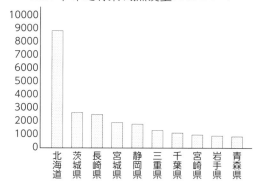

2019年都道府県別漁獲量（単位:百トン）

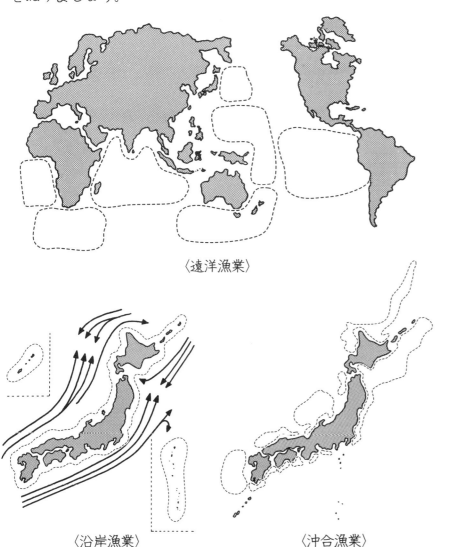

遠洋漁業・沖合漁業・沿岸漁業

わたしたちの生活と食料生産

名前 _____

① 遠洋漁業・沖合漁業・沿岸漁業のおもな漁場（点線の中）に色をぬりましょう。

〈遠洋漁業〉

〈沿岸漁業〉　　　〈沖合漁業〉

② 遠洋漁業・沖合漁業・沿岸漁業のおもな漁法を下から選んで線で結びましょう。

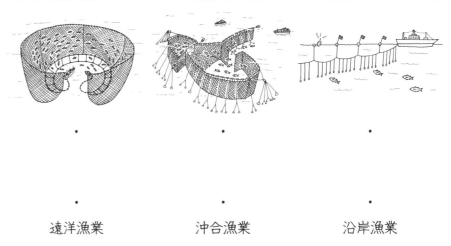

おもな漁法（巻き網）　おもな漁法（定置網）　おもな漁法（まぐろはえ縄）

遠洋漁業　　　沖合漁業　　　沿岸漁業

③ 下の文はどの漁業について説明していますか。遠洋漁業には（遠）、沖合漁業には（沖）、沿岸漁業には（沿）と書き入れましょう。

（　　）１０トン未満の小型漁船を使い、おもに家族で日帰りの漁をしている。

（　　）南太平洋やアフリカ沖など外国の２００海里水域や公海で大型漁船を使い、数ヶ月～１年ぐらいかけて漁をする。

（　　）１０トン以上の中型漁船を使い、沿岸から少し離れた海域で数日～１週間ぐらいかけて漁をする。

育てる漁業　養殖・栽培漁業

わたしたちの生活と食料生産

名前 _____

① 育てる漁業の説明について、□□□にあてはまる言葉を〔　〕から選びましょう。〔　稚魚　減らす　増やす　数%　50%　〕

　魚は、一回に数万個の卵を産み、生き残れるのは□□□□です。卵から□□□□になるまでの時期を人間が守り育てると、生き残る数を大きく□□□□ことができます。

② 養殖漁業と栽培漁業のちがいを調べ、下の〔　〕から選んで□□□に番号を入れましょう。

	養殖漁業	栽培漁業
漁業の説明	卵をとってきて、□□□の中で育てて一人前の魚にする。	小魚に育ててから□□□に放し、大きくなったらとってくる。
水産物の種類	□□□	□□□

〔　①いけす　②かき、のり、はまち　③さけ、ひらめ　④海や川　〕

③ 養殖がさかんなところを地図帳でさがしましょう。

①　のり………九州の西側にある海　（　　　　　　海　）

②　かき………瀬戸内海にある湾　（　　　　　　湾　）

③　うなぎ……中部地方の大きな湖　（　　　　　　湖　）

④　ホタテ貝…本州の北にある湾　（　　　　　　湾　）

④ グラフを見て、下の□□□にあてはまる言葉や数字を入れましょう。

　養殖魚で収穫量が一番多いのは、全体の約□□□□%を占める□□□□です。2位が□□□□、3位が□□□□です。魚類では1位が□□□□、2位がまだいです。

養殖魚種別収穫量 (2018年)

農林水産省統計

- ぎんざけ 1.8%
- くろまぐろ 1.8%
- もずく 2.2%
- こんぶ 3.3%
- わかめ 5.1%
- まだい 6.0%
- その他 2.9%
- のり 28.2%
- かき 17.6%
- ほたて貝 17.3%
- ぶり 13.8%

総収穫量 1,004,871t

⑤ 養殖漁業の課題について□□□にあてはまる言葉を〔　〕から選びましょう。

　いけすの中で魚や貝を育ててからとるので、計画的に生産でき、□□□□が安定します。しかし、食べ残した□□□□や病気をふせぐ□□□□で、□□□□がよごれるなどの問題もあります。養殖漁業・栽培漁業は□□□□の被害にあうこともあります。

〔　えさ　養殖漁業　赤潮　海　収入　薬　〕

新鮮なうちに消費地へ

わたしたちの生活と食料生産

名前　_____

1　水あげされた魚は、どんな順番で消費者までとどくでしょうか。
絵を見て順番を考えて、番号をつけましょう。また絵の説明を、
下の〔　　〕から選んで入れましょう。

③　出荷の準備をする

②　漁港で仲買人がせりをする

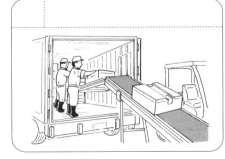

〔　魚屋さんの店先に魚をならべる　　　魚屋さんがせりをする
　魚の水あげをする　　　　保冷車に積みこみ魚市場へ運ぶ　〕

2　店にとどくまでの順を（　　）の中に番号をつけましょう。

| （　）船上凍結（冷凍船）漁船の冷蔵庫で急速に凍らせる。 | （　）小売店やスーパーの冷凍・冷蔵庫に入れられ，販売される。 |
| （　）漁港の冷凍・冷蔵庫で－４０℃以下で保存する。 | （　）冷凍車や冷凍貨車で－４０℃の状態で輸送する。 |

3　（　　）の中の正しい方に○をつけましょう。

①　トラックの荷台に（海水・真水）を入れた水槽を積み、魚を（生きた・仮死）状態で運ぶ方法。振動をやわらげる装置や水槽に酸素を送りこむボンベなどがついています。

冷凍以外の輸送方法

②　すばやく輸送する工夫として、産地の空港から（飛行機・船）に乗せて、消費地の空港へ魚を出荷することも行われています。

フライト漁業

変わる水産業
わたしたちの生活と食料生産

名前 _____

① 「漁業別漁獲量の移り変わり」のグラフを見て、問題に答えましょう。

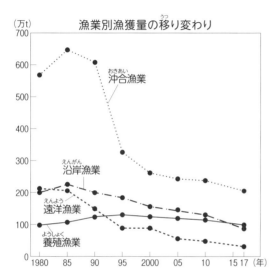

① 漁獲量が大きく減っているのはどれでしょう。

[_____] と [_____]

② 遠洋漁業について [___] にあてはまる言葉を〔　〕から選びましょう。

世界の国々が、沿岸から [___] 海里の海での漁船がとる魚の量をきびしく [___] するようになり、[___] の漁獲量は大きく減りました。

〔　制限　外国　日本　20　200　〕

③ 沖合漁業の漁獲量が激減した原因として、ある魚の数が急に減ったことがあげられます。その魚を下から1つ選んで〇をつけましょう。

（　）たい　　　（　）マグロ　　　（　）いわし

④ 他に沖合漁業の漁獲量が減ったわけ2つに（〇）をつけましょう。

（　）働く人の数が減ってきたから

（　）魚をとりにいかず、養殖に変えたから

（　）漁場となる海の汚れがひどくなったから

（　）魚をとりすぎて減ってきたから

⑤ 少しですが、増えている漁業はどれでしょう。

[_____]

② 下の漁業で働く人と年令の変化のグラフを見てわかったことを書きましょう。

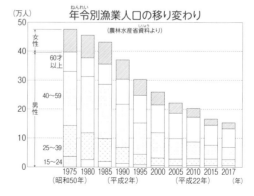

すり身からかまぼこをつくる

名前 ＿＿＿＿＿＿＿＿＿＿＿＿＿＿＿＿＿

わたしたちの生活と食料生産

① かまぼこは、何から作られているでしょう。下から選んで（○）をつけましょう。

（　）海そうをにつめてつくる。

（　）ぶた肉をミンチにしてすりつぶす。

（　）魚のすり身からつくる。

② 工場で魚のすり身を作る工程（こうてい）について、□にあてはまる言葉を右の〔　〕から選び、（　）に作業順の番号をつけましょう。

（４）魚の身の　□　をしぼる。

（　）皮や　□　を取りのぞいて、取り分けた魚の身をくだく。

（　）すり身と　□　を混（ま）ぜ合わて味つけをして、板につける。

（３）取り分けた魚の身を水にさらし、余分（よぶん）な　□　やあぶら分などを取りのぞく。

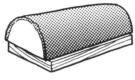

（１）手作業で魚の　□　とはらわたを取る。

（　）機械で魚の身をねりあわせ　□　をつくる。

（７）焼く、　□　、あげる、その他の作業をくわえて、いろいろなかまぼこができあがる。

〔　骨（ほね）　血液（けつえき）　すり身　水分　むす　調味料　頭　〕

③ 魚のすり身をつくる工場は、どこにあるか下から選んで（○）をつけましょう。

（　）漁港の近く　　　（　）大都市の近く　　　（　）山の中

④ ③で答えた理由を考えて書きましょう。

```
┌─────────────────────────────────┐
│                                 │
│- - - - - - - - - - - - - - - - -│
│                                 │
│- - - - - - - - - - - - - - - - -│
│                                 │
└─────────────────────────────────┘
```

おもな野菜の産地ベスト5

わたしたちの生活と食料生産

名
前

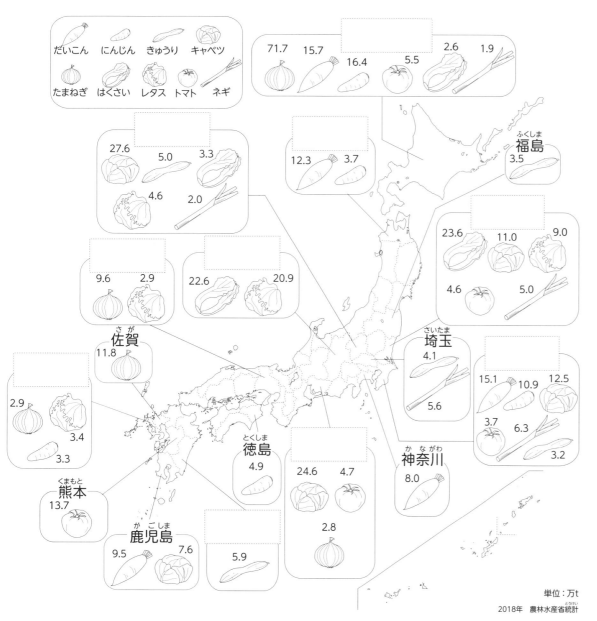

だいこん　にんじん　きゅうり　キャベツ

たまねぎ　はくさい　レタス　トマト　ネギ

71.7　15.7　16.4　5.5　2.6　1.9

27.6　5.0　3.3　4.6　2.0

12.3　3.7

ふくしま
福島
3.5

23.6　11.0　9.0　4.6　5.0

9.6　2.9

22.6　20.9

さが
佐賀
11.8

2.9　3.4　3.3

さいたま
埼玉
4.1　5.6

15.1　10.9　12.5　3.7　6.3　3.2

くまもと
熊本
13.7

とくしま
徳島
4.9

24.6　4.7　2.8

かながわ
神奈川
8.0

かごしま
鹿児島
9.5　7.6　5.9

単位：万t
2018年　農林水産省統計

左の地図のイラストは各地の野菜のとれ高（単位：万t）を表しています。

1　左の □ に都道府県名を調べて書きましょう。

2　それぞれの野菜の一番多くとれる都道府県の野菜の絵に色をぬりましょう。

3　わかったことや気がついたことを書きましょう。

野菜と果物づくりのさかんな地域

わたしたちの生活と食料生産

名
前 _____

月　　日

1　野菜の生産額の分布図を見て答えましょう。

① 野菜の生産額が多いのは、どの地方でしょう。

野菜の生産額
1000億円以上

700〜1000億円未満

500〜700億円未満

全国2兆2485億円
(2010(平成22)年)

② 生産額が1000億円以上の都道府県を書きましょう。

2　りんごとみかんの生産量の分布図を見て答えましょう。

① りんごの生産量が一番多いのは何県ですか。

② みかんの生産量が一番多いのは何県ですか。

りんご75万t　🍎10万t　🍎1万t
みかん77万t　🍊10万t　🍊1万t

年平均気温10℃未満のところ
年平均気温14℃以上のところ
〈2018(平成30)年〉

秋田　青森
山形　岩手
長野　福島
佐賀
長崎　静岡
愛媛　和歌山
熊本

③ みかんとりんごの栽培の関係で気がついたことを書きましょう。

産地の特色を生かした野菜づくり

わたしたちの生活と食料生産

名
前
_____

1　東京おろし売市場へのきゅうりの産地別入荷量のグラフを見て
答えましょう。

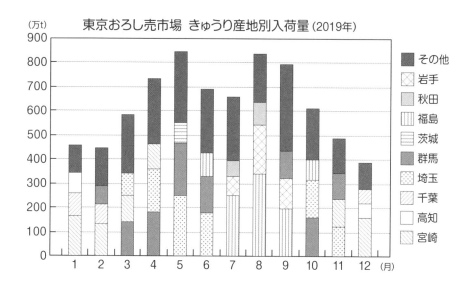

（万t）
東京おろし売市場 きゅうり産地別入荷量（2019年）

凡例：
■ その他
▨ 岩手
▨ 秋田
▥ 福島
▤ 茨城
▨ 群馬
▨ 埼玉
▨ 千葉
□ 高知
▨ 宮崎

① 冬（12・1・2月）に入荷量が多い県に赤色をぬり、県名を答えま
しょう。

② 上の①答えた県は、どんな気候のところですか。

③ 夏（7・8月）に入荷量が多い県に青色をぬり、県名を答えましょ
う。

④ 上の③で答えた県はどんな気候のところですか。

2　□□□にあてはまる言葉を下の〔　〕から選びましょう。

きゅうりは、夏野菜ですが、□□□中、どこかで作られています。

気候の特色をいかして、冬は□□□□□□気候の地方で、

夏は□□□□□気候の地方で作られています。屋外の畑だけで

なく、□□□□□□でも作られます。

また、□□□□□に近い地方では、消費地が近くにあるという

条件をいかしてさかんに作られています。

〔　すずしい　　あたたかい　　雨が多い　　海　　山
　　大都市　　1年　　ビニールハウス　　1月　〕

土のない野菜づくり

わたしたちの生活と食料生産

名前 _____

1 ㋐の絵を見て答えましょう。

① 場所は次のどれでしょう。

（　　）ビニールハウス

（　　）植物工場

（　　）野菜の店

② 何をしているのでしょう。

□にあてはまる言葉を〔　〕から選んで書きましょう。

人工の □□□□□ を当て、□□□□□□□ をあたえて、野菜を □□□□□ の中で □□□□□ ています。

〔　肥料　風　農薬　光　畑　育て　工場　〕

2 ㋑の絵を見て答えましょう。

① このような栽培方法を何といいますか。

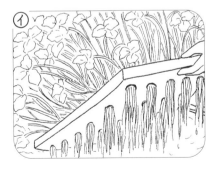

（　　）プラスチック栽培

（　　）空中栽培

（　　）水耕栽培

② この栽培方法の特ちょうは、何でしょう。

□□□□□□□□□□□□□□□□□□□□□

3 1や2のような栽培方法のよい点と問題点を考え □ にあてはまる言葉を〔　〕から選んで書きましょう。

【よい点】気候や □□□□□ に関係なくいつでも育てて収穫できる。病気や □□□□□ を防ぐこともできる。

【問題点】電気代や □□□□□ 代に □□□□□ がかかる。

〔　害虫　お金　むかし　季節　設備　〕

4 1や2のような方法で栽培されている野菜には、どのようなものがあるでしょう。次から2つ選びましょう。

（　　）みつば　　　（　　）だいこん

（　　）かぼちゃ　　（　　）レタス

◎ 他にも、土を使わないで育てられている野菜や果物がないか調べてみましょう。

食料の生産と輸入(1)

名
前

わたしたちの生活と食料生産

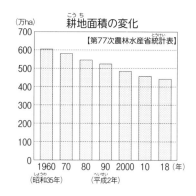

耕地面積の変化
（万ha）
【第77次農林水産省統計表】

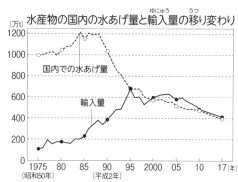

水産物の国内の水あげ量と輸入量の移り変わり
（万t）
国内での水あげ量
輸入量

① 上の２つのグラフを見て問いに答えましょう。

① 耕地面積は、どのように変わってきていますか。

② 水産物の水あげ量は、どのように変わってきていますか。

② おもな食料品の輸入量
の移り変わりについて、
問いに答えましょう。

① ５つの折れ線グラフを、
それぞれ色を変えてなぞ
りましょう。

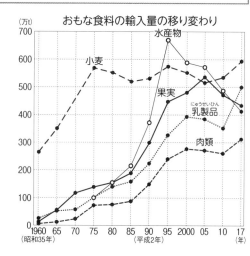

おもな食料の輸入量の移り変わり
（万t）
水産物
小麦
果実
乳製品
肉類

② おもな食料品は、それぞれどのように変わってきていますか。
（例）を参考にして答えましょう。

水産物	（例）1985年～1995年は急激に増え、その後は減っている。
小　麦	
果　物	
肉　類	

③ 左の３つのグラフから、日本の食料生産と食料の輸入はどの
ように変化してきているといえますか。

④ 右の円グラフからわかることに（○）
をつけましょう。

（　　）米はほとんど国内で生産している。

（　　）米は少しだけ国内で生産している。

（　　）米は国内で100％生産している。

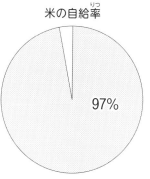

米の自給率
97%

【注】米の自給率＝国民が食べる米
を国内で生産している割合
（農林水産省　平成29年度　食糧需給表）

⑤ 円グラフの残りの３％の米は、どう
しているのでしょうか。

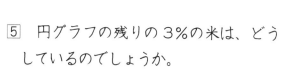

食料の生産と輸入(2)

わたしたちの生活と食料生産

名前

月　日

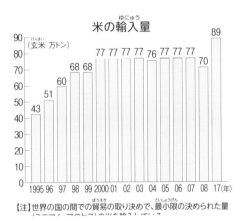

米の輸入量
（玄米 万トン）

【注】世界の国の間での貿易の取り決めで、最小限の決められた量（ミニマム・アクセス）の米を輸入している。

① 左の棒グラフを見て、米の輸入量はどう変化しているか答えましょう。

② 食料自給率は全体としてどのように変化していますか。

② 下の折れ線グラフを見て答えましょう。

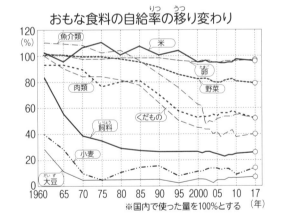

おもな食料の自給率の移り変わり

※国内で使った量を100%とする

① 2017年度で自給率が高い食料と低い食料を2つずつ書きましょう。

（高い）　　　　　　　（低い）

③ 日本の食料自給率は外国と比べて高いですか、低いですか。右のグラフを見て、下から1つ選びましょう。

（　）きわめて高い

（　）高い

（　）ふつうぐらい

（　）やや低い

（　）大変低い

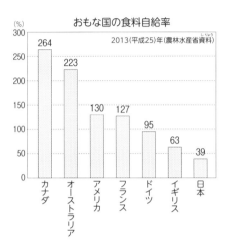

おもな国の食料自給率
（%）
2013（平成25）年（農林水産省資料）

④ 日本の食料自給率が今の状態だと、どのような問題が起こることが考えられますか。

⑤ 食料生産と輸入について、自分の感想や意見を書きましょう。

畜産のさかんなところ

わたしたちの生活と食料生産

名前 _____

月 日

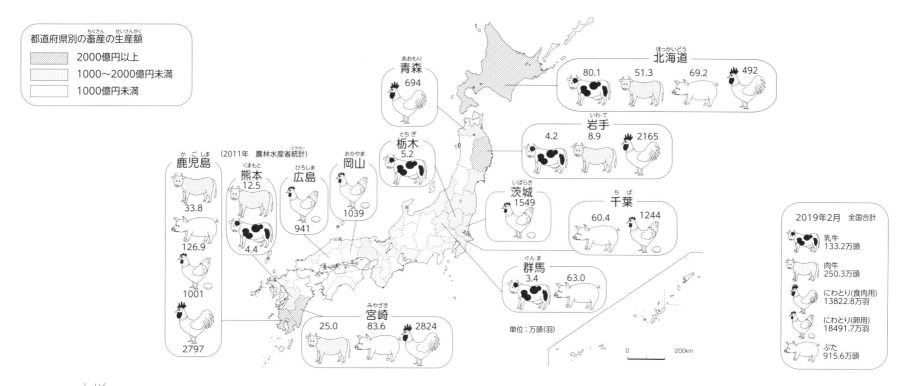

都道府県別の畜産の生産額
- 2000億円以上
- 1000〜2000億円未満
- 1000億円未満

（2011年 農林水産省統計）

北海道 80.1 51.3 69.2 492
青森 694
岩手 4.2 8.9 2165
栃木 5.2
茨城 1549
千葉 60.4 1244
群馬 3.4 63.0
鹿児島 33.8 126.9 1001 2797
熊本 12.5 4.4
広島 941
岡山 1039
宮崎 25.0 83.6 2824

単位：万頭（羽）

2019年2月 全国合計
乳牛 133.2万頭
肉牛 250.3万頭
にわとり(食肉用) 13822.8万羽
にわとり(卵用) 18491.7万羽
ぶた 915.6万頭

0 200km

1 　上の絵を見て飼育数が多い都道府県名を書きましょう。

	1位	2位	3位
乳牛			
肉牛			
にわとり(肉)			
にわとり(卵)			
ぶた			

2 　次の言葉を説明しましょう。

畜産	
酪農	

3 　上の絵からわかる畜産のさかんな都道府県を３つ書きましょう。

これからの食料生産を考える

名
前

わたしたちの生活と食料生産

1　農業人口のグラフを見て、わかったことを書きましょう。

① 働く人の数の変化

② 働く人の年令の割合の変化

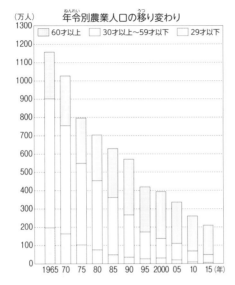

年令別農業人口の移り変わり

（万人）

□ 60才以上　□ 30才以上〜59才以下　□ 29才以下

1965 70 75 80 85 90 95 2000 05 10 15 (年)

2　漁業人口のグラフを、農業人口のグラフとくらべて、わかったことを書きましょう。

① 働く人の数や年令の変化

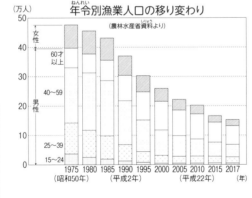

年令別漁業人口の移り変わり

（万人）

（農林水産省資料より）

女性
男性
60才以上
40〜59
25〜39
15〜24

1975 1980 1985 1990 1995 2000 2005 2010 2015 2017
（昭和50年）　（平成2年）　（平成22年）　　（年）

② 農業・漁業人口がこのように変化してきた理由は何ですか。

3　下の文は、循環型農業について説明したものです。□にあてはまる言葉を〔　〕から選びましょう。

農業をするときに出てくる□□□□、わら、野菜の捨てる部分などの不要なもの、家畜の□□□□などを捨てないで、□□□□づくりなどに使い、もう一度農業に生かしていこうとするものです。

□□□□や食品工業で出る□□□□なども利用されます。こうすることで、環境が悪くなることをふせぐことにもなります。このような□□□□型の農業は、各地でさまざまなかたちで取り組まれています。

〔　生ごみ　　循環
　もみ　　ふん尿
　堆肥　　家庭　〕

4　右の循環型農業の関係を表した図の◯にあてはまる言葉を〔　〕から選びましょう。

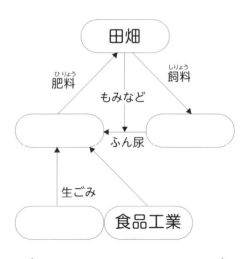

田畑

肥料　　もみなど　　飼料

ふん尿

生ごみ

食品工業

〔　家庭　　家畜　　堆肥　〕

生産者と消費者をつなぐ

名前 _____

わたしたちの生活と食料生産

1　地産地消のよい点は何か、考えて書きましょう。

① だれが作ったものかわかり、[　　　　]して食べられる。

② 近くで作られるので[　　　　]でおいしい。

③ 遠くまで運ぶ費用が少なくてすみ[　　　　]買える。

2　産直で商品を手に入れるには、どんな方法があるでしょうか。

<中略>

地産地消
地域で生産された食べ物は、その地域で消費しよう（食べよう）ということ。

〈例〉チラシやパンフレットで調べて、電話やファックスで注文する。

産地直送（産直）
消費者が生産者から直接、米・野菜・魚などを手に入れること。

3　産直で買うと、消費者にとってどんなよい点があるか考えましょう。

①

②

4　産直で販売すると、生産者にとってどんなよい点があるか考えましょう。

①

②

食の安全・安心への取り組み

名前 _____

わたしたちの生活と食料生産

1　安全な食品を安心して買うために、どのようなことに気をつけているか家の人に聞いてみましょう。

2　トレーサビリティというしくみについて、下の説明の[　　　]にあてはまる言葉を〔　　　〕から選びましょう。

食品の[　　　]、加工、[　　　]、販売などの情報が記録され、追跡できるしくみです。野菜ならどこの[　　　]で作られ、どんな肥料をあたえ、どんな[　　　]を使ったのか、お店までどのようにして[　　　]たのかなどが分かります。そのため、消費者は安心して買うことができます。

〔　流通　　畑　　運ばれ　　生産　　農薬　〕

3　輸入食品の安全を守るために、どのような検査がされているでしょう。2つ選んで（○）をつけましょう。

（　　）日本人の好みのあった食品かどうか。

（　　）日本で使える農薬や添加物や原材料が使われているか。

（　　）危険な病気にかかったり、細菌に汚染されていないか。

（　　）高い値段をつけすぎていないか。

工業ってなあに？

名前 _____

① 農業で生産された小麦が、パンになるまでをたどってみましょう。

□ の中にあてはまる言葉を書きましょう。

農家	工　場	小売店	家庭
小麦の栽培（さいばい）	□□□ に する。（製粉）（せいふん）	□□□ をつくる。 小麦製品（せいひん）にする。	パンを □□□ 。	パンを買う。
農業	□□□	商業	消費者（しょうひ）

② わたしたちの身のまわりにある工業製品を探（さが）してみましょう。

食事をするとき	<例>スプーン			
学習をするとき	鉛筆（えん）			
あそぶとき	ゲーム機			
スポーツするとき	ボール			
出かけるとき	バス			

③ 工業製品は、使い道によって種類別に分けられます。

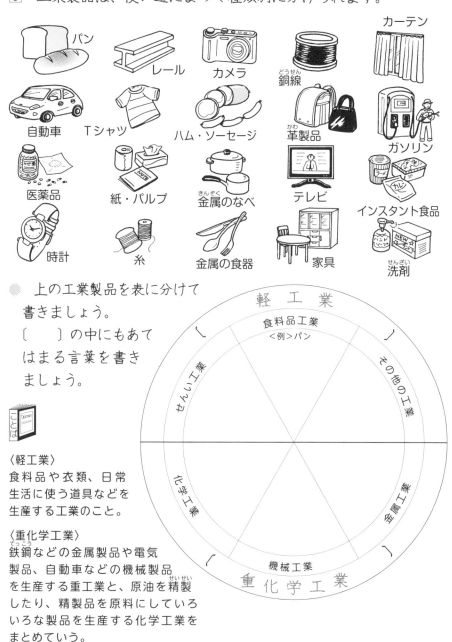

カーテン
パン
レール
カメラ
銅線（どうせん）
自動車
Ｔシャツ
ハム・ソーセージ
革製品（かわ）
ガソリン
医薬品
紙・パルプ
金属のなべ（きんぞく）
テレビ
インスタント食品
時計
糸
金属の食器
家具
洗剤（せんざい）

◎ 上の工業製品を表に分けて書きましょう。

〔　〕の中にもあてはまる言葉を書きましょう。

ことば

〈軽工業〉
食料品や衣類、日常生活に使う道具などを生産する工業のこと。

〈重化学工業〉
鉄鋼（てっこう）などの金属製品や電気製品、自動車などの機械製品を生産する重工業と、原油を精製（せいせい）したり、精製品を原料にしているいろな製品を生産する化学工業をまとめていう。

軽工業
食料品工業
<例>パン
せんい工業
その他の工業
化学工業
金属工業
機械工業
重化学工業

くらしを変えた工業製品

わたしたちの生活と工業生産

名前 _____

月　日

---

① 下の絵で昔と今の仕事の仕方を比べ、どんなところが便利になったかを書きましょう。

	昔	今	便利になったところ
ごはんをたく仕事	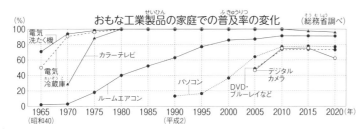		
洗たくの仕事			

② 右のグラフを見て考えましょう。

おもな工業製品の家庭での普及率の変化 （総務省調べ）

電気洗たく機／カラーテレビ／電気冷蔵庫／ルームエアコン／パソコン／DVD・ブルーレイなど／デジタルカメラ

（％）100 80 60 40 20 0
1965（昭和40） 1970 1975 1980 1985 1990（平成2） 1995 2000 2005 2010 2015 2020（年）

① 2010年でどこの家庭にもある電気製品を３つ書きましょう。

[　　　] [　　　] [　　　]

② ①の電気製品がどこの家庭でも買いそろえられたのは、何年ごろからですか？ [　　　]

③ それまでのくらし方と比べてどんなところが変わったと思いますか。便利になったことに（Ａ）、困ることに（Ｂ）と書きましょう。

（　）家事の時間が短く、楽になった。

（　）新しい製品を買うため、お金がかかる。

---

③ 工業が発展し、下の絵のものが作られて、社会のようすや人々の仕事が、どのように変わってきたのか〔　　〕からあてはまる言葉を選びましょう。

ビニールハウス	冷凍船	新幹線
栽培の [　　] が調整でき、１年中 [　　] 栽培できる。	魚を [　　] なまま [　　] して運ぶことができる。	[　　] まで [　　] 時間で行けるようになった。

〔　新せん　短い　時期　遠く　いつでも　保存　〕

④ 下の絵は、山の中に捨てられている電気製品です。

① なぜこのようなことが起きると思いますか？

[　　] しい製品を [　　] い、いらなくなった製品を処分するのに [　　] がかかるから。

② これを見てあなたはどう思いますか。

[　　　　　　　　　　　　　　　　　]

日本の工業の移り変わり

わたしたちの生活と工業生産

名前 _____

月　日

1　棒グラフの高度経済成長期に赤、その他に青をぬりましょう。

□　にあてはまる数字や言葉を〔　〕から選びましょう。

製造品の出荷額の移り変わり（通産省調べ）

(年)	
1935	0.011兆
1945	太平洋戦争での敗戦
1950	朝鮮戦争
1955	6.7兆
1960	15.5兆
1965	29.4兆
1970	69兆
1975	127.5兆
1980	214.2兆
1985	264.9兆
1990	274.1兆
1995	306.6兆
2000	300.8兆
2005	295.3兆
2010	289.1兆
2017	319.0兆

高度経済成長期

0　50　100　150　200　250　300　350（兆円）

日本の工業は [　　　] 戦争でほぼ全めつ状態になりました。

1950年に起こった [　　　] 戦争をきっかけに立ち直り、

その後 [　　　] 期をへてめざましく発展しました。工業生産は 1960〜 [　　] 年の間、5年ごとに約 [　] 倍ずつ増え、各家庭に [　　　] が普及していきました。

〔 朝鮮　　自動車　　電化製品　　高度経済成長
　太平洋　　アジア　　2　　5　　1980　　2000 〕

2　グラフを色でぬり分け、下の文の [　　] にあてはまる言葉や数字を書きましょう。

【 機械：緑色　　　金属：青色　　化学：水色
　食料品：オレンジ色　せんい：黄色　その他：ピンク色 】

工業生産の移り変わり （工業統計表）（小数点以下は四捨五入）

	重化学工業			軽工業		
(年)	機械	金属	化学	食料品	せんい	その他
1935	機械 13	金属 18	化学 17	食料品 11	せんい 32	その他 9
1955	17	15	13	18	18	20
1965	27	18	12	13	10	21
1975	30	17	14	12	7	20
1985	40	14	13	10	4	19
1995	42	14	10	11	4	19
2000	46	11	11	12	2	18
2010	45	14	14	12	1	14
2016	46	13	13	13	1	14

0　10　20　30　40　50　60　70　80　90　100(%)

① 一番増えたのは [　　　] 工業です。2016年には [　　] %をしめるようになり、[　　　] 年の約3.5倍になりました。

② 大きく減ったのは [　　　] 工業です。1935年は全体の [　　] %だったのが、2016年には [　　] %になり、およそ30分の1に減りました。

③ 1935年の重化学工業は全体の [　　] %、軽工業は [　　] %です。2016年には重化学工業は [　　] %、軽工業は [　　] %となり、[　　　] 工業が発展してきました。

工業のさかんな地域(1)　－工業地帯と工業地域－

わたしたちの生活と工業生産

名
前 _____

1　地図帳を見て、地図の 　□　 に
工業の盛んな地域を書きましょう。

□　工業地域

(エ)
□　工業地域

□　工業地域

□　工業地域

□　工業地域

(ア)
□　工業地帯

□　工業地域

(イ)
□　工業地帯

(ウ)
□　工業地帯

0　100　200km

2　地図を見て、 　□　 にあてはまる言葉を〔 　　 〕から選びましょう。

① （ア）～（エ）は、昔から工業が盛んで 　□　 と
呼ばれていました。生産額が減った 　□　 をのぞ
いて、今では 　□　 と呼ばれています。

② （ア）～（エ）をつないでいる２本の点線を赤鉛筆でなぞりましょう。
この中に 　□　 と 　□　 の２つの海沿いにある
工業の盛んな地域が入っています。この地域は 　□
と呼ばれています。
他に 　□　 の海沿いにも工業地域があります。

〔
太平洋ベルト　　四大工業地帯　　　日本海　　太平洋
三大工業地帯　　　北九州工業地域　　瀬戸内海
〕

3　海沿いに工業が盛んになっていった理
由を右の絵から考え、（○）をしましょう。
（　　）海岸線がまっすぐな土地を選んで工
場を建てた。
（　　）海をうめ立ててつくった土地に工場
を建てた。

4　右の絵は、何をしているところで
しょう。

□

① グラフを見て、問いに答えましょう。

2017年　工業地帯・工業地域別出荷額と構成

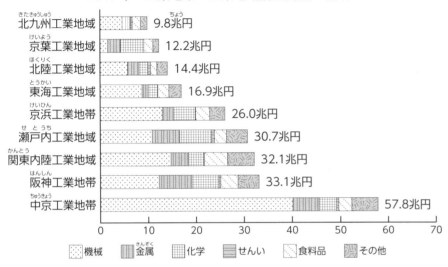

北九州工業地域	9.8兆円
京葉工業地域	12.2兆円
北陸工業地域	14.4兆円
東海工業地域	16.9兆円
京浜工業地帯	26.0兆円
瀬戸内工業地域	30.7兆円
関東内陸工業地域	32.1兆円
阪神工業地帯	33.1兆円
中京工業地帯	57.8兆円

機械　金属　化学　せんい　食料品　その他

① 出荷額が一番多い地帯・地域はどこで何兆円でしょう。

	金額	兆円

② また出荷額が二〜四番目に多い地帯・地域３つを書きましょう。

③ 機械工業の割合が一番多い地帯・地域はどこでしょう。

② 関東内陸工業地域のように、工業がさかんな地域が内陸部にも広がってきた理由を交通との関係から考えて、□□□にあてはまる言葉を〔 〕から選びましょう。

　　　□□□道路が内陸部にも広がり、□□□も全国各地につくられるようになった。そのため、生産に必要な□□□や□□□を運んだり、生産された□□□を運ぶことが便利になり、内陸部にも工場がつくられるようになった。

〔　製品　空港　観光　部品　高速　原料　〕

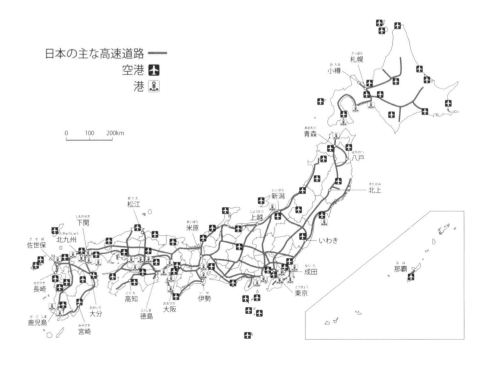

日本の主な高速道路 ━━
空港 ✈
港 ⚓

0　100　200km

大きい工場と小さい工場
わたしたちの生活と工業生産

名前 _____

① 下の文はA、Bどちらの工場のことか考えて（A）か（B）で答えましょう。

A（大きい工場）　　B（小さい工場）

（　　）同じ工場で働く人が３００人以上いる。

（　　）小さな部品などを生産している。

（　　）生活の場と仕事場が同じ場所にある。

（　　）広い農地を工場用地に変えていった。

（　　）同じ工場に働く人の数が少ない。

② グラフを見て答えましょう。　　（日本国勢図会　2019/20）

工場数（367999）	中小規模事業所（従業者299人以下）99.1%	
	大規模事業所（従業者300人以上）0.9%	
働く人（792万人）	31.4%	68.6%
生産額（305兆円）	51.7%	48.3%

0　10　20　30　40　50　60　70　80　90　100（%）

① 大きな工場は工場全体の何％ですか。　[　　　]％

② 大きな工場の生産額は全体の何％ですか。　[　　　]％

③ 小さな工場で働く人は全体の何％ですか。　[　　　]％

大きい工場と小さい工場で働く人
わたしたちの生活と工業生産

名前 _____

① 　[　　　]　の中に〈大きい・小さい〉のどちらかを書きましょう。

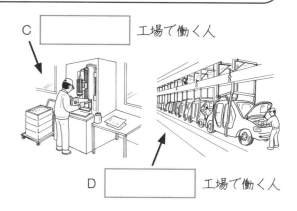

C [　　　　　]工場で働く人

D [　　　　　]工場で働く人

② 大きい工場で働く人の説明に（○）を書きましょう。

（　　）電気製品や自動車などの完成品を大量に生産している。

（　　）じゅく練した技術を持つ人がいて、独自の製品もつくる。

（　　）ベルトコンベアに合わせて、同じ作業をくりかえす。

（　　）親工場からの注文に応じて、いろいろな製品をつくる。

③ 　[　　　]　にあてはまる言葉を入れてグラフからわかることを説明しましょう。

工場が小さくなるほど働く人の給料は [　　　　　] なります。１人あたりの出荷額は工場が [　　　　　] なるほど多くなります。

1人あたり現金給与

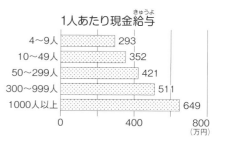

4〜9人	293
10〜49人	352
50〜299人	421
300〜999人	511
1000人以上	649

0　400　800（万円）

1人あたり出荷額等

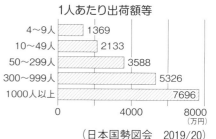

4〜9人	1369
10〜49人	2133
50〜299人	3588
300〜999人	5326
1000人以上	7696

0　4000　8000（万円）

（日本国勢図会　2019/20）

自動車のあるくらし
わたしたちの生活と工業生産　　名　前

1　グラフを見て、問いに答えましょう。

（日本国勢図会 2019/20）

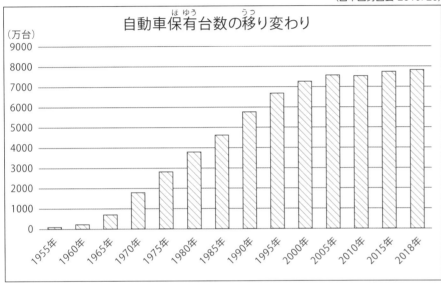

自動車保有台数の移り変わり

① 自動車の保有（持っている）台数は、どのように変化していますか。

⑦　1960年〜2000年

⑦　2000年〜2018年

② 2018年はおよそ何台ですか。（○）をつけましょう。

（　　）2000万台　（　　）5000万台　（　　）8000万台

2　自家用車があると、自分たちのくらしでどんなよいことがありますか。2つ書きましょう。

3　自家用車以外のバスやトラックがあると、自分たちのくらしにどのように役立っているでしょう。2つ書きましょう。

4　自動車が増えたことで起こるこまった問題について　　　にあてはまる言葉を〔　〕から選びましょう。

排気ガスで　　　　　　　が　　　　　　　たり、車が走るときに起こる　　　　　　　や振動もこまった問題です。

また、　　　　　　　で毎年多くの人が、けがをしたりなくなったりしています。

交通量が多くなりすぎた道路では、交通　　　　　　　が起こり、予定通りに到着できないこともあります。

〔　そう音　　水質おだく　　交通事故　　海
　　よごされ　　じゅうたい　　きれいに　　空気　〕

自動車の部品を調べてみよう
わたしたちの生活と工業生産

名前

⑦の自動車を分解してみました。自動車は大きく分けてどんな部品からできているのか調べてみましょう。下の図の □ の中に、〔　〕から部品名を選び、その名前を書き入れましょう。

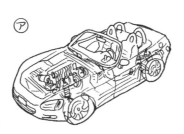
⑦

〔　タイヤ　　フロントガラス　　バンパー　　エンジン
　ドア　　ハンドル　　シート　　ペダル類　　ワイパー　〕

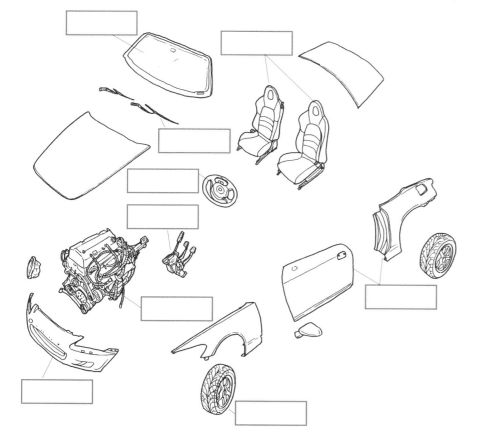

自動車の生産にかかわる工業
わたしたちの生活と工業生産

名前

① 下の図の（　）にあてはまる言葉を〔A〕の中から、□ にあてはまる言葉を〔B〕の中から選んで書きましょう。

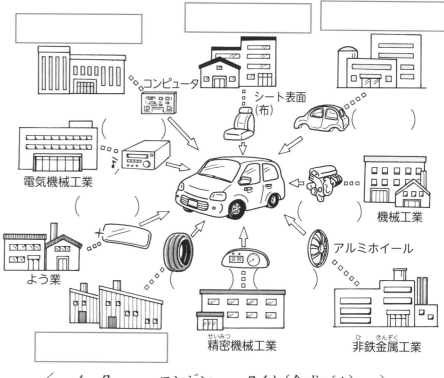

コンピュータ
シート表面（布）
電気機械工業
よう業
精密機械工業
機械工業
アルミホイール
非鉄金属工業

A 〔　メーター　　エンジン　　タイヤ（合成ゴム）
　　窓ガラス　　オーディオ　　車体　〕

B 〔　鉄こう業　　電子工業　　せんい工業　　石油化学工業　〕

② 上の図からわかることを書きましょう。

自動車が完成するまで
わたしたちの生活と工業生産

名
前

1　下の絵は、どの作業をしているところでしょう。□□□から言葉を選んで、（　）の中に書きましょう。また、その作業の説明を線でつなぎましょう。

| シートの取りつけ　エンジンの取りつけ　最終検査（けんさ）　ドアの取りつけ　プレス　とそう |

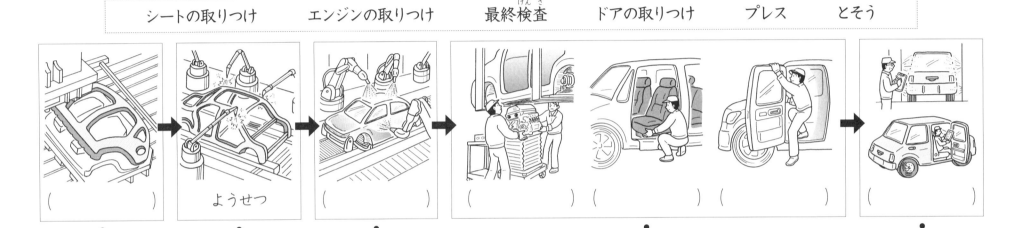

ようせつ

塗料（とりょう）をふきつけて車体に色をぬる。

鉄板をおり曲げたり、打ちぬいたりして、車体の屋根・ドア・ボンネットなどを作る。

形を打ちぬいた金ぞく部品を高温で溶かしてつなぎ合わせ、車体を作る。

ブレーキやはい出ガス、水もれ、部品の取りつけなどに問題がないか1000項目（こうもく）以上調べる。

車体に次々に部品を取りつける。

2　おもに機械やロボットが作業しているのは、どの工程（こうてい）ですか。

3　ロボットで作業する工程があるのは、なぜだと思いますか。

4　人とロボットとどちらでもできる同じ作業なら、どちらが作業するのかを決める基準（きじゅん）を考えてみましょう。

〈例〉作業の正確（せいかく）さ

5　人の作業の大部分を機械がして、生産を自動化することを何というのか、正しい言葉に○をしましょう。

〔　スピードアップ化　オートメーション化　ベルトコンベア化　〕

自動車生産のしくみとくふう
わたしたちの生活と工業生産

名前 _____

① 自動車組み立て工場での生産について、正しい説明に（〇）をつけましょう。

（　　） 自動車は生産ラインを流れていく間に組み立てられる。

（　　） 熟練した職人がすぐれた技術で組み立てている。

（　　） 同じ自動車ばかりが大量に生産されている。

（　　） 消費者の注文に合わせて、種類や部品のちがう自動車を生産している。

（　　） 生産ラインは、決められた同じ速さで流れていく。

（　　） 一度動き出した生産ラインは絶対に止まらない。

② 流れ作業を説明した文の ＿＿＿ にあてはまる言葉を〔　〕から選びましょう。

㋐ 作業工程を ＿＿＿ く分け、同じ人が、同じ ＿＿＿ を受け持ちます。

㋑ 働く人は、＿＿＿ 時間内、その作業を ＿＿＿ ます。

㋒ 作業工程が全部 ＿＿＿ 時、自動車が ＿＿＿ します。

〔　決められた　完成　くりかえし　細か　終わった　作業　〕

③ 下の絵では車体がつり上げられています。その理由を２つ選んで（〇）をつけましょう。

（　　） 工場内を広く使うため

（　　） 楽な姿勢で作業ができるから

（　　） 作業がはやくできるから

（　　） 作業に変化をつけるため

④ 右の車体にカバーがつけてあるのは何のためでしょう。

＿＿＿ にあてはまる言葉を書きましょう。

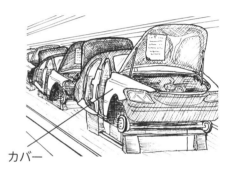

カバー

作業中に車体に ＿＿＿ をつけないようにする。

⑤ ③④のような工夫は、おもにだれが考えるのでしょう。

（　　） 会社の社長　　　　（　　） 工場で働く人

（　　） 工夫を考えるせん門の人

※トヨタ自動車株式会社には、労働者よる提案制度があり、さまざまな工夫が提案され、取り入れられている。

⑥ 自動車会社にとって③④のような工夫はなぜ都合がよいのでしょう。③や④の答えをヒントにして考えてみましょう。

組立工場と関連工場
わたしたちの生活と工業生産

月　日

名前 _____

1　右の絵を見て問題に答えましょう。

① □ に〈組立工場〉〈第二次関連工場〉の言葉を書きましょう。

② □ に〈注文〉〈納品〉の言葉を書きましょう。

③ （ ）の正しい言葉に○をしましょう。

絵の下に行くほど工場の規模は（ 小さく・大きく ）なり、作る部品は（ 小さく・大きく ）なり、工場の数は（ 少なく・多く ）なっていきます。

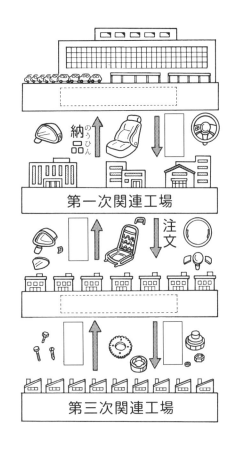

納品

第一次関連工場

注文

第三次関連工場

2　□ の中にあてはまる数字や言葉を右上の〔 〕から選んで書きましょう。

① 自動車の約３万個の部品は、□ 個くらいのユニット部品にまとめられます。

② このユニット部品を生産する工場が □ 工場です。

③ 部品をつくる工場から □ 工場にユニット部品が納入されて、自動車が完成します。

〔　組立　70　下うけ・関連　4000　作業　〕

3　〔A〕〔B〕のグラフの、自動車組立工場（自動二輪を含む）に青色、部品工場に赤色をぬりましょう。

① 正しい方に○をしましょう。

・工場数が多いのは（ 組立・部品 ）工場

・働く人が多いのは（ 組立・部品 ）工場

・出荷額が多いのは（ 組立・部品 ）工場

〔A〕組立工場と部品工場（下うけ・関連工場）

工場数	72軒(0.6%)	11710軒(99.4%)
労働者数	161200人(21%)	620400人(79%)
出荷額	185160億円(39%)	284384億円(61%)
	自動車組立工場	自動車部品工場

〔B〕組立工場⑦と部品工場⑦の平均

1工場当たり平均労働者数	2240人　⑦	
	53人⑦	
1工場当たり平均出荷額	2572億円　⑦	
	24億円⑦	
1人当たり平均出荷額	1億1500万円　⑦	
	⑦　4600万円	

② 正しい方に○をしましょう。

・1工場当たりで働く人が多いのは（ 組立・部品 ）工場

・1工場当たりの出荷額が多いのは（ 組立・部品 ）工場

③ グラフを見て、気がついたことを書きましょう。

□

世界とつながる自動車

わたしたちの生活と工業生産

名前 _____

月　日

1 自動車の部品をつくる原料を3つ書きましょう。

〈例〉ゴム	

2 1の原料の多くはおもに国内産か外国産かどちらでしょう。

3 グラフを見て □ にあてはまる数字や言葉を書きましょう。

1990年と比べると生産台数は、□きています。

それでも、□台前後の自動車が毎年生産されています。

生産された自動車のおよそ□分の1は輸出されています。少しですが□もされています。

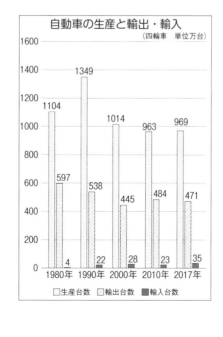

自動車の生産と輸出・輸入
（四輪車 単位万台）

	生産台数	輸出台数	輸入台数
1980年	1104	597	4
1990年	1349	538	22
2000年	1014	445	28
2010年	963	484	23
2017年	969	471	35

4 グラフを見て答えましょう。

① 現地（海外）生産の説明で合っているものを選んで（○）をつけましょう。

日本車の海外生産台数
（万台）

1985年	89
1990年	326
1995年	556
2000年	629
2005年	1061
2010年	1318
2015年	1809
2017年	1974

（　　）外国に日本の工場をつくり現地の人をやとって生産する。

（　　）外国の工場に日本人がやとわれて生産をする。

（　　）外国企業の工場に日本人が行って技術指導をする。

② 海外生産台数は、どのように変化していますか。

③ 2017年には、自動車の国内生産と海外生産では、どちらが多くなっていますか。3のグラフと比べて答えましょう。

④ 海外で生産した自動車を日本に輸入していることもあります。これを何というでしょう。

（　　）帰り輸入　　（　　）逆輸入　　（　　）Uターン輸入

これからの自動車づくり　－人々の願いにあわせて－
わたしたちの生活と工業生産
名前 ＿＿＿＿＿＿＿＿＿＿＿＿＿＿

1　自動車の便利なところを考えて書きましょう。

（空欄）

2　自動車が増えると困ることを考えて書きましょう。

（空欄）

3　環境にやさしい自動車についての説明の ☐ に当てはまる言葉を〔　〕から選んで書きましょう。

① ハイブリッド車

走っている間に発電ができ、☐ と ☐ の両方を使って走る。

② 電気自動車

車に積んだ ☐ でモーターを動かして走る。

③ 燃料電池自動車

水素と ☐ を化学反応させて発電して走る。走行中は排気ガスは出さず ☐ だけを出す。

④ クリーンディーゼル車

ガソリンではなく軽油を燃料として走るので、二酸化炭素の排出量が少なく、燃料の使用量も ☐ 。

〔　少ない　酸素　ガソリン　水　電気　電池　〕

4　グラフを見て答えましょう。

次世代自動車の国内販売台数の移り変わり

（台）　□ハイブリッド車　▨PHEV車・電気自動車・燃料電池車　■クリーンディーゼル車

1600000
1400000
1200000
1000000
800000
600000
400000
200000
0

2008年　2009年　2010年　2011年　2012年　2013年　2014年　2015年　2016年　2017年

① 環境にやさしい次世代自動車の販売は、増えていますか。減っていますか。 ☐

② 特に多く販売されているのは、どれですか。 ☐

5　人にやさしい自動車として、どのような自動車が開発されているでしょう。

（空欄）

お茶わんなどをつくるよう業

わたしたちの生活と工業生産

名前 _____

1　よう業について説明した文の ☐ にあてはまる言葉を〔 〕から選びましょう。

よう業では、☐☐☐ や石など、金属以外の材料をかまやろ炉の中で焼くなど ☐☐☐ 温で処理して、陶磁器、セメント、☐☐☐ などをつくります。

これらよう業でつくられたものはセラミックスとよばれます。セラミックスは、熱や薬品に ☐☐☐ く、☐☐☐ こともありません。

鉄やアルミなどの ☐☐☐ 、羊毛・☐☐☐ ・木材などの有機材料、☐☐☐ は、様々な製品をつくるもとになる三大材料とよばれています。

〔
　わた　　　金属　　　くさる　　　セラミックス
　高　　　ねん土　　　強　　　ガラス
〕

2　セラミックスでつくられた製品に（○）をつけましょう。

（　　）ビールびん　　　　　　（　　）針金
（　　）ノート　　　　　　　　（　　）ちゃわん
（　　）コンクリートブロック　（　　）れんが

3　ファインセラミックスについて説明した文の ☐ にあてはまる言葉を〔 〕から選びましょう。

高純度に精製・合成された原料をもとに、新しい ☐☐☐ で改良をくわえたものが ☐☐☐ です。それまでのセラミックスにくらべて ☐☐☐ な機能を持っています。身近なものでは ☐☐☐ や ☐☐☐ 、医りょう用では ☐☐☐ や骨、そのほか ☐☐☐ やスーパーコンピューターの部品などさまざまなところで使われています。

〔
　宇宙ロケット　　　ファインセラミックス　　　高度
　ナイフ　　　人工関節　　　技術　　　ボールペンの先
〕

4　ファインセラミックス販売額のグラフを見て答えましょう。

① 販売額は増えていますか、減っていますか。

☐☐☐

② 2018年は1990年のおよそ何倍ですか。

☐☐☐

ファインセラミックスの販売額
（億円）
8000
7000
6000
5000
4000
3000
2000
1000
0
1990 3438　2000 6176　2010 5407　2015 6207　2018 7523 （年）

さまざまな製品をつくる機械工業

名前 _____

わたしたちの生活と工業生産

1　機械工業は、製品によりたくさんの分野に分かれます。

下の機械の名前を右の〔　〕から選びましょう。

情報・通信機械		建設機械

電気機械	精密機械	電子部品

輸送用機械	工作用機械	事務用機械

〔
産業用ロボット　　コピー機　　集積回路（IC）

スマートフォン　　飛行機　　クレーン

カメラ　　電子レンジ　　パラボラアンテナ
〕

2　左の機械のなかで、見たことがある物を書きましょう。

3　下の説明文を読んでから答えましょう。

【工作用機械】の説明をしている文に（工）、【産業用ロボット】の説明をしている文には（産）と書きましょう。

（　　）重い部品の取り付け作業をする。

（　　）「機械をつくる機械」とよばれている。

（　　）危険な作業現場で活やくしている。

（　　）自動車や半導体を生産するときに広く使われている。

（　　）日本の高い技術力をささえている。

【工作用機械】
「機械を作る機械」とよばれ、その精度が工業水準を決めます。

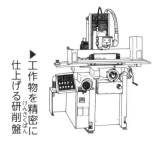

▶工作物を精密に仕上げる研削盤

【産業用ロボット】
自動車や半導体を生産する時に広く使われています。

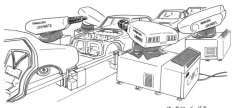

▲日本ではじめて国産化された油圧駆動の産業用ロボット

62　（122％拡大）

金属工業（1）

わたしたちの生活と工業生産

名
前 _____

　金属類は、自然の形で使えるものは少なく、鉱石から取り出す作業（精錬＝せいれん）が必要です。金属工業は、この技術とともに発展してきました。

① 左の言葉の説明を選んで線でつなぎましょう。

精錬　　　・

鉄鋼業　　・

非鉄金属製造業　・

・銅、アルミニウム、レアメタルなど鉄以外の金属を生産、加工する。

・金属成分をふくんでいる鉱石から金属を取り出す技術。

・鉄を生産、加工する。

② 身の回りにある金属製品を探してみましょう。

銀製品	（例）スプーン	鉄製品	
銅製品		アルミ製品	

③ アルミニウムの説明について □ にあてはまる言葉を〔　〕から選びましょう。

　　アルミニウムは □ の代表で、□ が原料鉱石です。

　　□ には、大量の □ を使うため、生産コストが高くなり、今では日本国内で生産されて □ 。

　　他の金属との □ はとてもじょうぶです。

〔　電気　　水　　ボーキサイト　　います　　いません
　　ニッケル　　合金　　軽金属　　重金属　　精錬　〕

④ レアメタルは、デジタル家電製品などの生産に必要な素材です。下の表のおもな産出国を、次のページの地図に赤で●印しましょう。

	1 位	2 位
クロム	南アフリカ共和国 48.4%	カザフスタン 18.2%
マンガン	南アフリカ共和国 34.7%	オーストラリア 17.0%
ニッケル	フィリピン 24.3%	ロシア 11.8%
アンチモン	中華人民共和国 76.9%	ロシア 5.8%
レアアース	中華人民共和国 84.0%	オーストラリア 6.4%
コバルト	コンゴ民主共和国 56.6%	オーストラリア 4.9%

（2016年　日本国勢図会 2019/20）

金属工業（2）

わたしたちの生活と工業生産

名前 _____

◎ 日本では石油・石炭や鉱石のほとんどを輸入しています。下の地図の □ に国名を書き入れましょう。

(2018年　日本国勢図会 2019/20)

おもな輸入資源	1 位	2 位	3 位
原油	サウジアラビア：38.7%	アラブ首長国連邦：25.6%	カタール：7.9%
石炭	オーストラリア：61.6%	インドネシア：12.4%	ロシア：9.4%
鉄鉱石	オーストラリア：49.6%	ブラジル：31.1%	カナダ：6.6%
アルミニウム	オーストラリア：16.1%	ロシア：16.1%	中国：15.4%

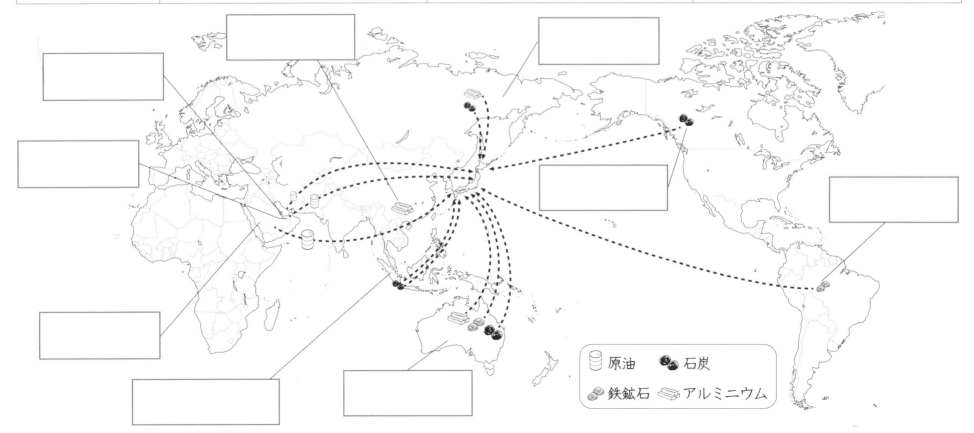

原油　　石炭

鉄鉱石　アルミニウム

くらしと社会を変えたエレクトロニクス

わたしたちの生活と工業生産

名前 _____

① 電話について考えてみましょう。

固定電話　けい帯電話　スマートフォン

① 通話以外の機能（きのう）を持つ電話に（○）をつけましょう。

あ（　　）　い（　　）　う（　　）

② スマートフォンには、どんな機能があるでしょう。

②　次の製品（せいひん）は、最近ではどんな機能を持っているでしょう。

製品名	はじめのころの機能	最近の機能
電気すいはん器	スイッチをいれるとご飯がたける。	
エアコン	部屋の温度を下げる。	
電子レンジ	火にかけないで温める。	

③　絵や地図を見て、□にあてはまる言葉を〔　〕から選びましょう。

◀ホコリがつきにくく、糸くずなどを出さない服そう

① 電子機器は □ な機械なので、□ やカビが大の苦手です。工場に入る前に □ をあびて、目に見えない細かいゴミを落します。服装（ふくそう）もホコリなどがつきにくい □ なものです。

② 電子機器の工場は水や □ のきれいな土地を選んで建てられます。

内陸部にある工場

③ 工業がさかんな □ から離（はな）れている地域（ちいき）でも □ や空港のある場所に工場が集まっています。電子製品は小型で □ なので、運賃（うんちん）の高い □ を使っても損（そん）はしません。

・ 工場のある場所（2010年）
― 高速道路（2010年）
✈ 2500m以上の滑走路のある空港（2010年）

新東京国際空港（成田空港）（とうきょうこくさい）

0　　200km

〔
特しゅ　高速道路
太平洋（たいへいよう）ベルト　空気
飛行機　ホコリ
軽量　精密（せいみつ）
空気シャワー
〕

石油化学工業

わたしたちの生活と工業生産

名前 _____

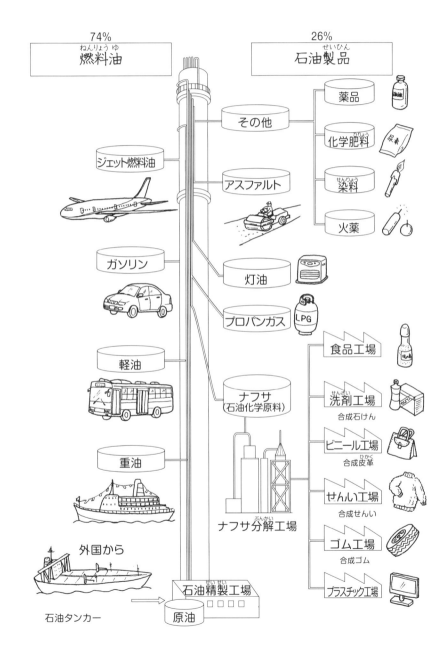

74%
燃料油（ねんりょうゆ）

26%
石油製品（せいひん）

その他
　薬品
　化学肥料
　染料（せんりょう）
　火薬

ジェット燃料油

アスファルト

ガソリン

灯油

プロパンガス（LPG）

軽油

ナフサ
（石油化学原料）

食品工場

洗剤工場（せんざい）
合成石けん

ビニール工場
合成皮革（ひかく）

せんい工場
合成せんい

ゴム工場
合成ゴム

プラスチック工場

重油

ナフサ分解工場（ぶんかい）

外国から

石油タンカー

石油精製工場（せいせい）
原油

1　右と左の絵を見て、問いに答えましょう。

① 石油タンカーからおろされているものは何でしょう。

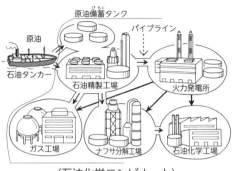

原油備蓄タンク（びちく）　パイプライン
原油
石油タンカー　石油精製工場　火力発電所
ガス工場　ナフサ分解工場　石油化学工場

〈石油化学コンビナート〉

② 石油から作ることができる製品を○でかこみましょう。

せっけん　　ガラス　　染料
プラスティック　　ゴム　　鉄　　薬品

③ これらの工場をつないで原料などを送っている管を何といいますか。

（　　）コンベア　　（　　）レール　　（　　）パイプライン

2　石油化学コンビナートは、どんなところにありますか。

□□□ に面した □□□□□□□□□ 地域（ちいき）の中にある。

海を □□□□□□ てつくられた所も多い。

石油化学コンビナート（2010年末）

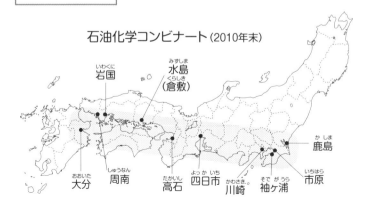

岩国（いわくに）
水島（みずしま）（倉敷）（くらしき）
鹿島（かしま）
大分（おおいた）
周南（しゅうなん）
高石（たかいし）
四日市（よっかいち）
川崎（かわさき）
袖ケ浦（そでがうら）
市原（いちはら）

食料品をつくる工場

わたしたちの生活と工業生産

名前

月　日

1　お店で売られている食品の中で、食料品工業の製品はどれでしょう。次からえらんで（〇）をつけましょう。

（　）チョコレート　　　（　）お茶づけのり
（　）にんじん　　　　　（　）チーズ
（　）アイスクリーム　　（　）りんご
（　）たいのさしみ　　　（　）さばのかんづめ

2　右の食料品工業の出荷額のグラフを見て答えましょう。

① 出荷額が多いものを2つ書きましょう。

② 畜産食料品の例を2つ書きましょう。

③ 水産食料品の例を2つ書きましょう。

④ きのう食べたものを思い出して、その中から食料品工業の製品を2つ書きましょう。

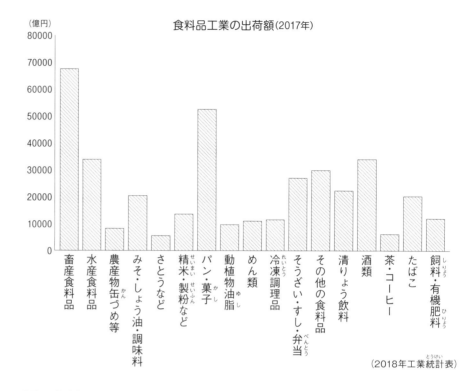

食料品工業の出荷額(2017年)

（億円）

（2018年工業統計表）

3　食料品工業のおもな原料となっているのはどんな産物でしょうか。

畜 産物・　　　産物・　　　産物

4　食料品工場では、どんなことに気をつけて生産しているでしょうか。下から2つ選んで（〇）をつけましょう。

（　）安くはやく生産できることを優先して製品をつくる。
（　）安心して食べられる安全でおいしい製品をつくる。
（　）高く売れるように中身より見栄えをよくしてつくる。
（　）消費者の要望にこたえる製品をくふうしてつくる。

工業生産を支えるエネルギー

わたしたちの生活と工業生産

名前 _____

1 下のグラフを見て □ にあてはまる数字や言葉を書きましょう。

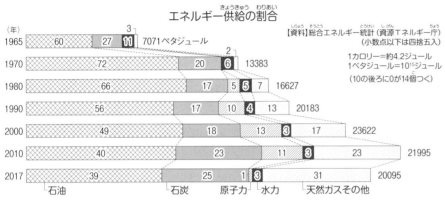

エネルギー供給の割合

【資料】総合エネルギー統計（資源Tエネルギー庁）
（小数点以下は四捨五入）

1カロリー＝約4.2ジュール
1ペタジュール＝10¹⁵ジュール
（10の後ろに0が14個つく）

（年）	石油	石炭	原子力	水力	天然ガスその他	
1965	60	27	11	3		7071ペタジュール
1970	72	20	6	2		13383
1980	66	17	5	5	7	16627
1990	56	17	10	4	13	20183
2000	49	18	13	3	17	23622
2010	40	23	11	3	23	21995
2017	39	25	1	3	31	20095

① エネルギー供給量（ペタジュール）は1965～2017年の約50年間で、約 □ 倍になっています。

② 一番多く使われているエネルギーは □ です。

2 右のグラフを見て正しい説明に（○）をつけましょう。

〈エネルギーの輸入と国産の割合〉

凡例：■ 輸入　□ 国産

水力 710(3.5)　原子力 279(1.4)
再生可能エネルギー 938(4.7)　その他 596(3.0)
石炭 1470(34.8)
1960年度 4220ペタジュール（100%）
石油 1831(43.4%)
水力 661(15.7)
天然ガス 39(0.9)
その他 219(5.2)

天然ガス 4696(23.4)
2017年度 20095
石油 7831(39.0%)
石炭 5044(25.1)

（　）1960年度は、石炭は国産でした。

（　）どちらの年度もエネルギーの9割は輸入です。

（　）2017年度は1960年度より石油に頼る割合が減っています。

3 発電について、グラフを見て □ にあてはまる言葉を書きましょう。

(1)〔A〕のグラフを見て答えましょう

〔A〕発電源別総発電量

【資料】電気事業連合会
「電気事業便覧」（2017年版）

（年）	水力	火力	原子力	自然エネルギー	総計
1970	22.28%	76.43	1.27	0.02	359538 百万kWh
1980	15.95	69.60	14.30	0.15	577521
1990	11.18	65.02	23.59	0.20	857272
2000	8.87	61.31	29.51	0.32	1091500
2010	7.84	66.67	24.91	0.58	1156921
2017	8.95	85.52	3.10	2.40	

① 発電量が一番多いのは □ 発電です。

② 2010年まで増えてきて、その後大きく減ったのは □ 発電です。

(2)〔B〕のグラフを見て答えましょう。

〔B〕自然エネルギー（地熱・風力・太陽光）

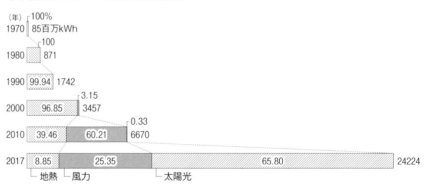

（年）	地熱	風力	太陽光	
1970	100%			85百万kWh
1980	100			871
1990	99.94			1742
2000	96.85	3.15		3457
2010	39.46	60.21	0.33	6670
2017	8.85	25.35	65.80	24224

① 2000年ごろまでは、自然エネルギーの発電はほとんど □ でした。

② 2017年には、□ 発電が一番多くなり、全体の約 □ ％を占めるようになりました。

全国へ運ばれる工業製品

わたしたちの生活と工業生産

名前 _____

月 日

〔 中・小型　大型　集める　配達
　トラックターミナル 〕

1　国内の貨物輸送をする交通機関の割合は、どのように変化していますか。2つのグラフを比べて答えましょう。

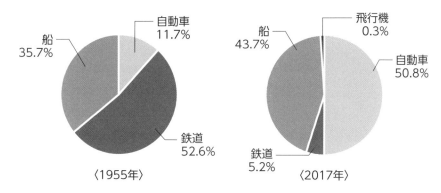

　船
35.7%

自動車
11.7%

鉄道
52.6%

〈1955年〉

飛行機
0.3%

船
43.7%

自動車
50.8%

鉄道
5.2%

〈2017年〉

2　トラックターミナル図について □ や（　）にあてはまる言葉を右上の〔　〕から選びましょう。※同じ言葉を2回選んでもよい

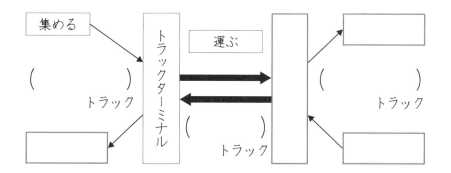

集める

トラックターミナル

運ぶ

（　　　）
トラック

（　　　）
トラック

（　　　）
トラック

3　下の地図を見て、高速道路はどのように広がっているか、次の中から選んで（○）をつけましょう。

（　　）太平洋ベルトに集中していて、他の地域にはない。

（　　）全国各地に、バラバラに分散している。

（　　）全国に網の目のようにつながって広がっている。

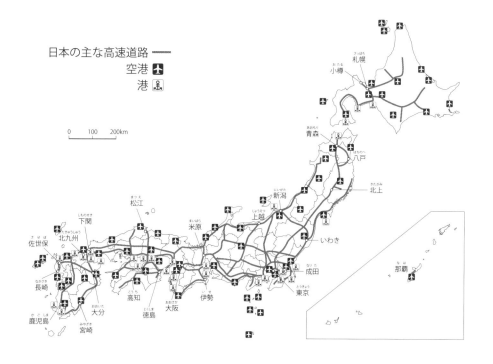

日本の主な高速道路 ━━
空港 ✈
港 ⚓

0　100　200km

札幌
小樽
青森
八戸
北上
松江
新潟
上越
下関
北九州
佐世保
長崎
米原
いわき
高知
大分
徳島
大阪
成田
東京
伊勢
鹿児島
宮崎
那覇

日本のおもな貿易港（・空港）

名前 _____

わたしたちの生活と工業生産

1　右の地図の輸出と輸入を色でぬり分け、問いに答えましょう。

①　貿易額の１位と２位はどこですか。

１位	２位

②　輸出の割合が特に大きいのはどこですか。

③　これらの港や空港は、ある地域に集中しています。そこは何と呼ばれているでしょう。

港	輸出品１位	輸入品１位
成田国際空港	化学光学機器	通信機
名古屋港	自動車	液化ガス
東京港	自動車部品	衣類
横浜港	自動車	石油
神戸港	プラスチック	衣類
大阪港	集積回路	衣類
関西国際空港	集積回路	医薬品
千葉港	石油製品	石油
博多港	集積回路	魚介類
川崎港	自動車	液化ガス

おもな港・空港の貿易額（ベスト10・2018年）

（　）内は貿易総額：日本国勢図会　2019/20

輸出　1個につき　1兆円
輸入　1兆円

（17.8兆円）　神戸港
（25.2兆円）　名古屋港
成田国際空港
博多港
千葉港
関西国際空港　大阪港　横浜港　東京港
川崎港
（17.7兆円）

2　左のおもな港・空港の輸出入品１位の表を見て答えましょう。

①　輸出品１位で多いのは何でしょう。

②　輸入品１位で多いのは何でしょう。

③　２つの空港で輸出入が多い製品の特ちょうを考えましょう。

ヒント：大きさ、ねだん

月　　日

日本の貿易相手国

わたしたちの生活と工業生産

名
前　_____

◈　下の地図は、日本のおもな貿易相手国です。円グラフの輸出に

水色、輸入に黄色をぬり、問いに答えましょう。

① 輸出入総額が１位の国の金額を書きましょう。

兆　　　　　　億円

② 輸出入総額ベスト５の国や地域を書きましょう。

１

２

３

４

５

③ 上位２国で日本の輸入の方が

多い国はどこでしょう。

④ 上位２国で日本からの輸出の方が多い国はどこでしょう。

⑤ 日本は、次のどこの地域との貿易が多いといえますか。

１つえらんで（〇）をつけましょう。

（　　）ヨーロッパ　　　（　　）アジア

（　　）南北アメリカ　　（　　）アフリカ

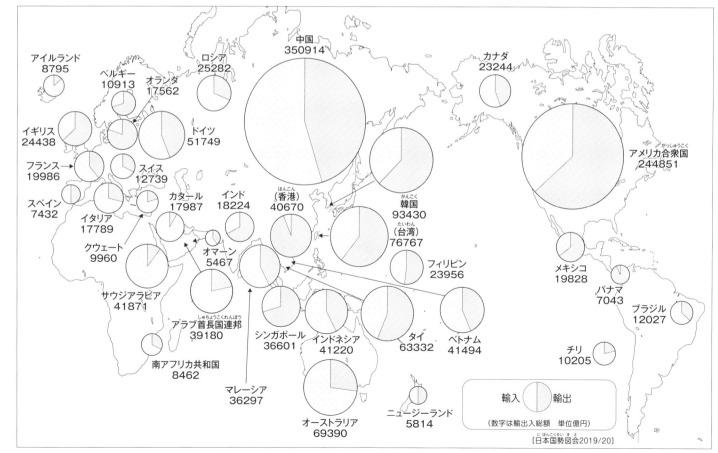

アイルランド 8795
ベルギー 10913
オランダ 17562
ロシア 25282
中国 350914
カナダ 23244
イギリス 24438
ドイツ 51749
フランス→ 19986
スイス 12739
カタール 17987
インド 18224
（香港）40670
韓国 93430
アメリカ合衆国 244851
スペイン 7432
イタリア 17789
クウェート 9960
オマーン 5467
（台湾）76767
フィリピン 23956
メキシコ 19828
パナマ 7043
ブラジル 12027
サウジアラビア 41871
アラブ首長国連邦 39180
シンガポール 36601
インドネシア 41220
タイ 63332
ベトナム 41494
チリ 10205
南アフリカ共和国 8462
マレーシア 36297
オーストラリア 69390
ニュージーランド 5814

輸入　輸出
（数字は輸出入総額　単位億円）

[日本国勢図会2019/20]

日本の貿易の移り変わりと特ちょう

わたしたちの生活と工業生産

名前 _____

① おもな輸出品の割合のグラフを見て、問いに答えましょう。

輸出グラフ

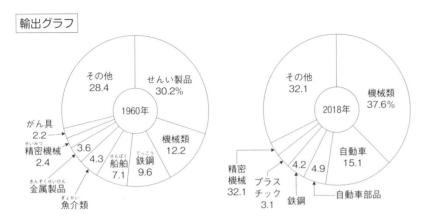

① 輸出品のベスト3を表に書いて比べましょう。

年	1位	2位	3位
1960年			
2018年			

② 輸出の中心は何から何へと変わってきていますか。□□ にあてはまる言葉を書きましょう。

□□□□ から □□□□ や □□□□ へ変わってきています。

② おもな輸入品の割合のグラフを見て、問いに答えましょう。

輸入グラフ

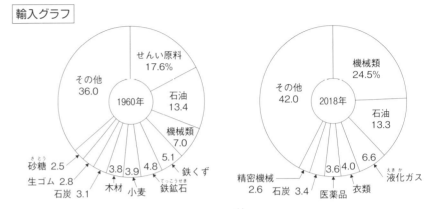

① 輸入品のベスト3を表に書いて比べましょう。

年	1位	2位	3位
1960年			
2018年			

② 1960年も2018年も割合があまり変わらないで多く輸入しているものは何でしょう。

□□□□□□□□

③ 4つのグラフを見て、気づいたことを書きましょう。

海外に進出する工場

名前 _____

わたしたちの生活と工業生産

1 世界地図を見て考えましょう。

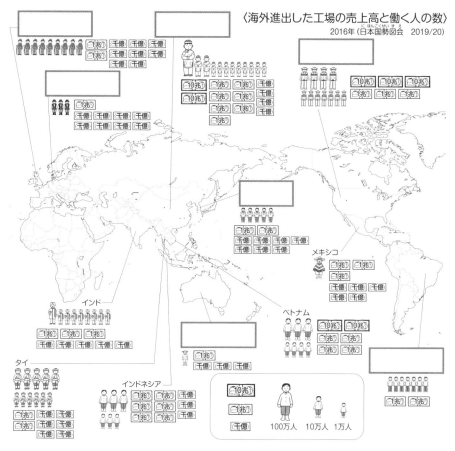

〈海外進出した工場の売上高と働く人の数〉
2016年 (日本国勢図会 2019/20)

① 地図の ☐ の中に国名を書きましょう。

② 売上高が 20 兆円以上ある国には水色を、3 兆円以上ある国には
黄色をお金にぬりましょう。

③ 工場で働く人が 100 万人以上いる国には緑色を、30 万人以上
いる国には赤色を人にぬりましょう。

2 ☐ の中にあてはまる言葉を書きましょう。

① いちばんたくさんの人が働いているのは、☐ 地域です。

② 売り上げが多い国は、☐ と ☐ です。

3 ㋐のグラフを見て考えましょう。

① 海外生産は、1985 年以降どう
なっていますか。

☐

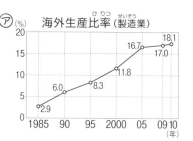

㋐ 海外生産比率 (製造業)

2.9 — 6.0 — 8.3 — 11.8 — 16.7 — 17.0 — 18.1
1985 90 95 2000 05 09 10 (年)

② いちばん大きく増えているのは

☐ 年〜 ☐ 年です。

4 ㋑のグラフを見て、正しい説明に (○) をつけましょう。

( ) 国内生産は 1990 年をピークにして、以降減っている。

( ) 2010 年の国内生産は、1970 年より多い。

( ) 海外生産が増えはじめるのは 1990 年からである。

㋑ 家庭電気製品の国内生産と海外生産台数

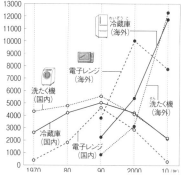

技術をほこる町工場

名前 _____

わたしたちの生活と工業生産

◈　町工場で働く人の話を読んで問いに答えましょう。

ナベやフライパンを作っていましたが、今は、【ヘラしぼり】の技術を生かしてトンネルの空調装置の筒やトップライトの反射板、ロケットや新幹線の先端部品、パラボラアンテナなどを作っています。硬くて厚みのある一枚の金属板を『ヘラ』という道具で丸みのある型に押しつけ、丸い形にしていきます。その時、手に伝わってくる感しょくや、ほんのわずかな音の変化を聞きながら、どこも同じ厚さで、つぎめのない丸い形に仕上げます。大きなパラボラアンテナは直径３ｍですが、誤差１mm以下の正確さが要求されます。ヘラの動かし方や力の入れ具合などは、長年の経験による技術と勘によってかく得したもので、機械ではできないものです。一人前の職人になるのには１０年以上かかりますよ。

① パラボラアンテナの作り方について □ にあてはまる言葉を書きましょう。

　かたくて厚みのある一枚の [　　　　　] を「ヘラ」という道具で丸みのある型に押しつけ、[　　　　　] 形にしていきます。どこも [　　　　　] 厚さで、[　　　　　] のない丸い形に仕上げます。直径３ｍのパラボラアンテナですが、誤差は [　　　　　] 以下の正確さが要求されます。

② どのようにして正確に仕上げるのでしょう。□ にあてはまる言葉を書きましょう。

　手に [　　　　　] や、わずかな [　　　　　] を聞きながら仕上げる。

③ ヘラの動かし方や力の入れ具合について、正しいものに（○）をつけましょう。
　（　）機械を使えば、だれでも簡単にできる
　（　）長年の経験による技術と勘で身につけた。
　（　）専門の学校で教えられて身についた。
　（　）機械ではできない。

④ 一人前の職人になるのに何年かかりますか。

　[　　　　　　　　　　　　　　　]

昔から伝わる工業製品

わたしたちの生活と工業生産

名前 _____

月　日

1　日本各地に、昔から伝わる技術でつくられている製品があります。自分の家にあるものや知っているものを書きましょう。

2　次の製品は何を原料や材料にして、どのように作られるのか下の説明から選んで　㋐〜㋕の記号を入れましょう。

わかさぬり　（　　　）　　　かば細工　（　　　　）

加賀ゆうぜん　（　　　）　　　しがらき焼　（　　　）

くるめがすり　（　　　）　　　高岡銅器　（　　　）

㋐　木製のおわんやおぼんにうるしをぬり重ねた漆器。

㋑　溶かした銅で形をつくり、仕上げの加工や着色をする。

㋒　粘土でつくったものをかまで焼いて仕上げた陶器。

㋓　布地に絵を描いて染め、着物の生地などにする。

㋔　染め分けた糸を使って織りあげた織物。

㋕　桜の皮を使って茶筒や小箱をつくる木工品。

3　昔から伝わる工業のキーワードを選び（○）をつけましょう。

（　　）機械化　　　（　　）熟練した技術　　　（　　）大量生産

福井県鯖江市のめがねづくり

めがね製造は、明治の終わり頃、農作業ができない冬の副業として始まりました。はじめは職人のグループ毎に作っていましたが、生産性を高めるために専門のパーツごとの分業化が進み、町全体がひとつの大きな工場のようになっていきました。高度経済成長期に機械化が進み、めがねの一大生産地となりました。

鯖江のめがねづくりは、初めの頃、職人たちが技術を競い合い、腕を磨くことで品質を高めていきました。1980年代には、世界で初めて、軽くて丈夫なチタンフレームのめがねの開発に成功し、世界的なめがね産地となりました。

中国産などの海外からの安いめがねに対して、日本の技術でしか作れない製品や、さらにはデザインや機能もくふうした製品などもつくられています。

4　上の文を読んで問いに答えましょう。

①　初めの頃は、どのようにして品質を高めていましたか。

②　どうして町全体がひとつの工場のようになったのでしょう。

③　海外の安いめがねに対してどうしていますか。

わたしたちをとりまく情報
情報化した社会と産業の発展

名前　_____

1　あなたは、何からどんな情報を得たことがありますか。

何から	どんな情報
（例）新聞	今日はどんなテレビ番組があるか
1	
2	
3	

2　情報を伝えるメディアと、その説明を線で結びましょう。

新聞　・　　　・映像と音声で伝えることができ、録画もできる。

テレビ　・　　　・文章にくわしく書いて相手に送ることができる。

スマートフォン　・　　　・見出し、本文、写真などでくわしく、わかりやすくまとめてあり、くりかえし読める。

手紙　・　　　・どこからでも、どこにいても連絡がとれる。写真、メール、インターネットも利用できる。

3　町の中には、言葉以外で伝えられる情報が多くあります。下の絵を見て何から、どんな情報が伝えられるか見つけましょう。

何から	どんな情報
（例）自動車のクラクション	車が来ているので危ない

昔の情報・今の情報

情報化した社会と産業の発展

名前　＿＿＿＿＿＿＿＿＿＿＿

昔

のろし　　　飛脚　　　立て札
お寺の鐘　　瓦版　　　早馬

今

テレビ　　パソコン　　電話
新聞　　スマートフォン　　通信衛星

1　左の絵を見て答えましょう。

① 今の郵便に近い働きをしていたのは、昔は何だったでしょう。

② 瓦版は、今の何にあたると思いますか

③ お寺の鐘は、おもに何を伝えていたのでしょう。

（　）火事　　　（　）時こく　　　（　）集合の合図

2　昔と比べて、今の情報の伝え方にはどんな特ちょうがあるか、下から選んで（○）をつけましょう。

（　）一度に大量の情報を伝えることができる。

（　）人が直接相手に情報を伝えている。

（　）文字に書いて情報を伝えることがなくなった。

（　）はやく情報を伝えることができる。

（　）さまざまな機械も使って情報を伝えている。

3　今は、個人でも大勢の人に情報を伝えることができます。どんな方法があるか、2つ書きましょう。

1

2

情報の移り変わり

情報化した社会と産業の発展

名前 _____

1　テレビの利用について、グラフを見て答えましょう。

① 地上放送（NHK）の利用が急に増えたのはいつごろでしょうか。

| | 年 | ～ | | 年 |

② NHK‐BSの利用が急に増えたのはいつごろでしょうか。

| | 年 | ～ | | 年 |

テレビの受信契約数
【資料】日本図書図会 19/20

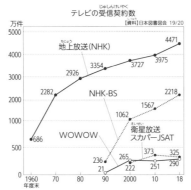

2　右のグラフを見て答えましょう。

① 発行部数が一番多いのは、いつですか。

| | 年 |

② それ以後は、どのように変化していますか。

新聞の発行部数

(年)	
1970	3630 (1.20)
1980	4639 (1.29)
1990	5191 (1.26)
2000	5371 (1.13)
2010	4932 (0.92)
2018	3990 (0.70)

3　電話の利用について、グラフを見て答えましょう。

① 加入数が急に増えているのはどれですか。

電話の加入数
【資料】日本国勢図会 (2009/10, 19/20)

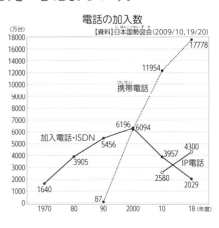

② 加入数が2000年頃から減っているのはどれですか。

4　インターネットの普及について、グラフを見て答えましょう。

① インターネットを利用する人はどのように変化していますか。

インターネットの普及
【資料】日本国勢図絵 2009/10 17/18 19/20

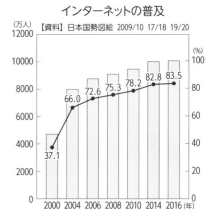

② 2016年には、日本の人口の何％の人がインターネットを利用していることになりますか。

| | ％ |

5　情報利用の変化について、気づいたことを書きましょう。

ニュース番組をつくる
情報化した社会と産業の発展

名
前 _____

月　　日

1　ニュース番組が放送されるまでの仕事を考えましょう。

①　下の㋐㋑㋒の絵は、だれが何をしているのでしょう。〔　　　〕の言葉を参考にして書きましょう。

㋐	
㋑	㋒番組のスタッフが

〔 番組のスタッフ　カメラマン　スタジオのセット
インタビュー　取材記者　打ち合わせ　大道具係 〕

②　他にどんな仕事があるか、知っていることを書きましょう。

2　ニュース番組の本番放送中の仕事を考えましょう。

①　下の㋓㋔の絵は、だれが何をしているのでしょう。〔　〕の言葉を使って書きましょう。

㋓スイッチャーが	㋔

〔 原稿　スイッチャー　スタジオカメラ　画面
切り替え　カメラマン　アナウンサー　ニュース 〕

②　他にどんな仕事があるか、知っていることを書きましょう。

3　ニュース番組を放送する時、大切なことは何だと思いますか。
〈例〉情報をはやく伝える。

新聞ができるまで

情報化した社会と産業の発展

名前 _____

※ ▢ にあてはまる言葉を〔　〕から選んで書きましょう。

① 《取材》新聞にのせる記事はどのようにして集めるのでしょう。

取材現場には、▢ や

▢ が行きます。

政治、▢ 、▢

などの分野に分かれて取材します。

記事はパソコンや▢ 、

電話などで新聞社へすぐに送ります。取材には、ヘリコプターや

飛行機を使うこともあります。

〔　通信衛星　　カメラマン　　経済　　記者　　文化　〕

② 《編集》取材した記事は、どのようにして新聞にのるのでしょう。

集められた原稿を、新聞にのせるか

どうかは、政治、経済など各部か

ら ▢ が集まって決めます。

編集方針が決まると、▢

で、▢ の大きさを決め ▢ をつけたりします。

〔　編成部　　見出し　　デスク　　記事　〕

③ 《製作》新聞紙面は、どのように

してつくられるのでしょう。

コンピュータを使って ▢

と ▢ を合わせ、「大刷り」

ができます。

校閲部で ▢ がないかチェックします。さらに、広告を

合成してネガフィルムをつくり、アルミの刷版をつくります。

〔　まちがい　　記事　　写真　〕

④ 《印刷》新聞は、どのように印刷

されるのでしょう。

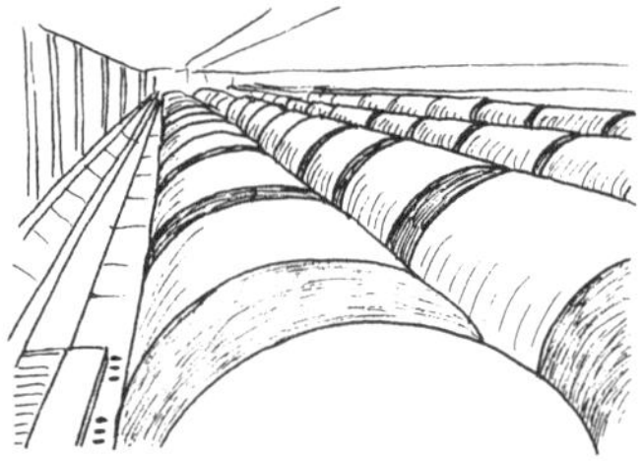

朝刊の印刷は ▢ 遅く

に始まります。刷版を輪転機にとりつ

け、１時間に約 ▢ 部と

いう高速で印刷されます。輪転機には ▢ 、▢ 、

青、黄のインクをつける大きなローラーがたくさんあります。この中

を紙が通って、▢ や写真が印刷されていきます。

〔　黒　　金　　14　　10万　　赤　　夜　　朝　　文字　〕

くらしを支えるさまざまな産業と情報の活用
情報化した社会と産業の発展

名前 _____

1　次のように情報を活用しているのはどこか、〔　〕から選んで □ に書き入れましょう。

・用水や温室をスマホで管理 　　　　　□

・ICカードで乗車や切符の予約 　　　　□

・情報をもとに自動運転できる車の開発 □

・GPSを利用してトラックの位置がわかる □

〔　鉄道会社　　自動車工場　　運送会社　　農家　〕

2　スマートフォンの「バスナビ」で調べられるバスの情報を3つ選んで（○）をつけましょう。

（　）乗りたいバスの乗り場や時刻表

（　）バスの形や作られた年月日

（　）乗りたいバスの走行位置（接近情報）

（　）運転手の名前や写真

（　）目的地までのバスルートや運賃、時間など

3　バス車内では、お客のためにどのような情報が出されていますか。知っていることを書きましょう。

（例）各停留所までの料金を表示している。

4　旅行に行くとき、家の人はインターネットをどんなことに使っていますか。

5　旅行会社や観光協会は、どのように情報を活用しているでしょう。

（例）いろいろな旅行プランを作って利用者に知らせている。

ひろげる

6　インターネットを利用した通信販売についてグラフを見て答えましょう。

① インターネットでの買い物は、どのように変わってきていますか。

② 2018年に販売された金額はいくらですか。

　　　　　　　　円

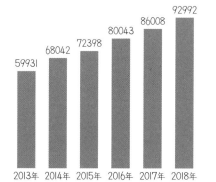

インターネットでの品物販売（億円）

2013年	2014年	2015年	2016年	2017年	2018年
59931	68042	72398	80043	86008	92992

情報を活用して販売する

情報化した社会と産業の発展

名前 _____

月　　日

---

1 コンビニエンスストアで集めている情報について □ にあてはまる言葉を〔　　　〕から選びましょう。

コンビニでは、商品についている [　　　　　　] や、お客さんが買うときに使う [　　　　　　] などから、さまざまな情報を読みとります。

[　　　　] とその数量、売れた [　　　　] 、お客さんの [　　　] や [　　　] などの情報は、

店の [　　　　　　] から [　　　　] に送られます。

〔　時こく　　性別　　売れた商品　　本部　　年令
コンピューター　　ポイントカード　　バーコード　〕

2 コンビニエンスストアでは、どんな情報をもとに、本部に商品を注文するのでしょう。3つ選んで（○）をつけましょう。

（　　）売れた商品の種類と数　　　　（　　）お客さんの住所

（　　）日の出と日没の時こく　　　　（　　）天候や気温

（　　）地域の行事やイベント

（　　）本部から指示された商品

---

3 コンビニエンスストアで、一番よく売れる商品について答えましょう。

① コンビニエンスストアでよく売れる商品はどこに置かれていますか。下から選んで（○）をつけましょう。

（　　）入り口に一番近いところ

（　　）店の奥の方

（　　）店の真ん中

② なぜ①で答えたところに置かれているのですか。

（　　）よく売れるので、ぬすまれないように。

（　　）よく売れるので大切にあつかうため。

（　　）店内を長く歩き、他の商品も買ってくれるように。

4 コンビニエンスストアの絵を見て答えましょう。

① あなたなら、買い物に行ったとき、店内をどのように歩きますか。歩くコースを矢印で書き込みましょう。

② なぜ、①のようなコースで歩くのですか。

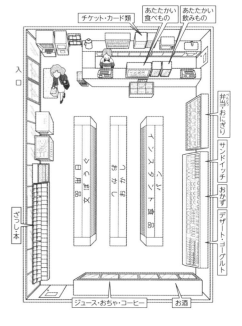

情報を生かしてものを運ぶ

情報化した社会と産業の発展

名前 _____

月　　日

1　コンビニエンスストアに、商品が運ばれてくる順を表したものです。
　下の図は(A)〜(D)にあてはまる言葉を下の〔　　〕から選びましょう。

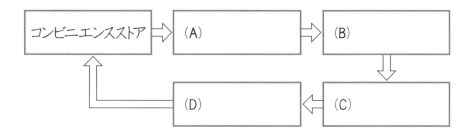

〔　配送センター　　本部　　トラック　　工場　〕

2　トラックでの商品の運ぱんについて、答えましょう。

①　どんな商品を運んで来るのでしょうか。4つ書きましょう。

```
（空欄）
```

②　1日におよそ何台のトラックが荷物を運んでくるか、下から選んで（○）をつけましょう。

　　（　　）1台　　　　（　　）7〜10台

③　どうして、②で答えたような回数で運んで来るのでしょうか。
　下から2つ選んで（○）をつけましょう。

（　　）店に品物を置いておく場所がないので少しずつ運ぶ。

（　　）大きなトラックがないので、何回も運ぶ。

（　　）トラック運転手さんから要求があったのでこの回数になった。

（　　）売り切れて品物がなくならないように、売れる時間に届ける。

3　店が品切れにならないように確実に品物を届けるため、本部ではどのように情報を活用しているでしょう。□□□にあてはまる言葉を下の〔　　〕から選びましょう。

　店から送られた情報で、商品の□□□数や□□□の数をつかんで配達できるようにしています。□□□を運ぶトラックが、□□□もわかるようにして、決められた□□□に商品が届くようにしています。

〔　商品　　どこにいるか　　売れた　　時間　　在庫　〕

4　買い物に行きにくいお年寄りや、近くにコンビニがない人のために、どんなサービスをしているか調べてみましょう。

```
（空欄）
```

情報活用によるサービスの広がり

情報化した社会と産業の発展

名前 _____

① コンビニエンスストアでは、インターネットを利用したさまざまなサービスもされています。

① コンビニエンスストアに置かれていてお客が利用できるものに（○）をつけ ましょう。

（　）　マルチコピー機　　　（　）　公衆電話

（　）　ゲーム機　　　　　　（　）　銀行ATM（現金自動預け払い機）

② コンビニエンスストアで行っているサービスには（○）、行っていないことには（×）をつけましょう。

（　）　パスポートを発行する。

（　）　住民票の写しや印鑑登録証明書がとれる。

（　）　コンサートやスポーツの試合のチケットが買える。

（　）　けっこんの届け出ができる。

（　）　検定や大学の入学試験の申し込みができる。

（　）　高速バスのきっぷが買える。

（　）　病院の入院の手続きができる。

② コンビニエンスストアでは、銀行のようなサービスもしています。

① どんなことができるのか、知っていることを書きましょう。

```



```

② ①のようなサービスは、コンビニエンスストアのどんな機械を使うのでしょう。

```



```

③ コンビニエンスストアで①のようなサービスもしているのはなぜでしょう。　□　にあてはまる数字や言葉を〔　〕から選びましょう。

コンビニエンスストアは銀行より店の数が □ 、□ なところに店があります。また、□ 時間営業のコンビニエンスストアなら □ お金の出し入れができます。そのため、銀行より利用 □ なります。コンビニエンスストアにとっては、利用する人が増えれば、ついでに □ をしてくれる人も増えるので、都合がよいのです。

〔　しやすく　多く　いつでも　24　買い物　いろいろ　〕

広がるインターネットの利用 －あふれる情報－

情報化した社会と産業の発展

名前 _____

月　日

1　下の絵のもので、５０年以上前から使われていたもの３つを選んで書きましょう。

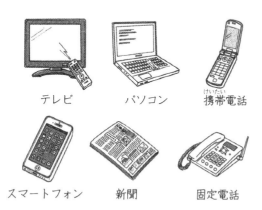

テレビ　　パソコン　　携帯電話

スマートフォン　　新聞　　固定電話

2　右のグラフは、おもな情報機器の世帯（家庭毎）保有率です。グラフを見て、問いに答えましょう。

①　増えているのは何ですか。

②　多くの世帯に普及しているのは何ですか。

おもな情報機器の世帯(家庭毎)保有率

全体の普及の割合
パソコン
スマートフォン
ファックス
タブレット

3　インターネットを利用して、どんなことができるでしょう。
〈例〉様々な料金の支払いができる。

4　2012年６月29日（金）に、首相官邸前に20万人の人が集まりました。

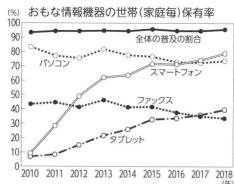

①　この人たちは、何のために集まってきたのでしょう。
　　右の絵を見て、下から１つ選んで(○)をつけましょう。

（　）消費税の引き上げに反対。

（　）憲法９条を守る。

（　）原子力発電所をなくしたい。

②　ここに来た人の多くは、何でこの集会があることを知ったのでしょう。下から１つ選んで（○）をつけましょう。

（　）ツイッターなどインターネットの情報で知った。

（　）労働組合から参加するように連絡があった。

（　）電話やチラシで参加を呼びかけられた。

情報活用のルールとマナー

情報化した社会と産業の発展

名前　＿＿＿＿＿＿＿＿＿＿＿＿＿

1　インターネットと他のメディアを比べて、□□□にあてはまる言葉を〔　　〕から選びましょう。

① インターネットとテレビでは、情報を送る側の違いは何でしょう。

テレビは、□□□□□□□の人たちが、□□□□□□□や協力をするなど十分な□□□□□□□をして情報を送ります。

インターネットでは、□□□□□でも、□□□□□に情報を送ることができます。

〔　だれ　　打ち合わせ　　かんたん　　準備　　テレビ局　〕

② インターネットと新聞では、情報を受ける側のちがいは何でしょう。

新聞は、お金を払い□□□□□をして情報を受け取ります。

インターネットは、パソコンや□□□□□□□があれば、□□□□□でも、□□□□□でも見ることができます。

〔　購読　　いつ　　スマートフォン　　電話機　　だれ　〕

2　インターネットの広がりでどんなこまったことが起きるか、グラフから考えましょう。

① 一番多い相談は何ですか。

□□□□□□□□□□□□□□

② 2017年には、子どもの被害は、およそ何人ですか。

□□□□□□□□□□□□□□

③ 2017年の被害数は2008年のおよそ何倍になっていますか。

□□□□□□□□□□□□□□

インターネット関係の犯罪の相談件

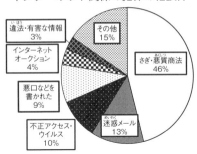

- 違法・有害な情報 3%
- その他 15%
- インターネットオークション 4%
- さぎ・悪質商法 46%
- 悪口などを書かれた 9%
- 不正アクセス・ウイルス 10%
- 迷惑メール 13%

SNSによって犯罪の被害にあった児童数の移り変わり

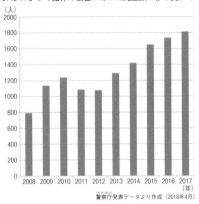

警察庁発表データより作成（2018年4月）

3　自分たちが情報を送るとき、利用するときに気をつけることを書きましょう。

送るとき	
利用するとき	

自然災害が多い日本

わたしたちの生活と環境

名
前

1　日本で起きた大震災について、①②の説明を読み、震災名、発生年月日、ぎせい者（死者）や行方不明者の数を〔　〕から選んで答えましょう。

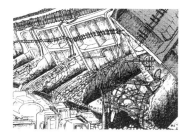

① 淡路島で起きた地震によっておもに神戸市や淡路島で多くの建物が倒れたり、火災が起きた。

震災名		大震災
年月日		
ぎせい者数		人

② 　三陸沖の海底で起きた地震で大津波が発生した。津波に大勢の人がのみこまれ、建物・船・車などが壊れたり流されたりした。

震災名		大震災
年月日		
死者・行方不明者		人

〔　東日本　　阪神・淡路　　1995年1月17日
2011年3月11日　　6437　　1万8440　〕

③ 　②の大震災の時には、震災が原因で、もう一つ大きな事故が起こりました。それは何で、どんな被害が起こりましたか。

□にあてはまる言葉を〔　〕から選びましょう。

　　　　　　　　　　　　発電所が事故を起こし、広い範囲
が　　　　　　　　に汚染されました。今でも、　　　　　　　　の処理
ができず、　　　　　　　　が増え続けています。汚染地域の住民は、
今も　　　　　　　　を続けている人がいます。

〔　放射能　避難生活　汚染水　福島第1原子力　核燃料　〕

2　日本では、地震や津波のほかにどんな自然災害がありますか。

3　日本で自然災害が起こりやすい原因を4つ選びましょう。

（　　）太平洋を取りまく火山帯に日本列島がある。

（　　）日本の川は細くて急流が多い。

（　　）木や草が育たない土地が多い。

（　　）台風が通るコースになっている。

（　　）日本列島は海岸線が入りくんでいる所が多く、島が多い。

（　　）プレートとプレートの境目でずれなどが起きる。

地震災害への取り組み　名前

わたしたちの生活と環境

① 地震が起きると、どんな被害が発生するでしょう。□ に
あてはまる言葉を書きましょう。

① 線路や □ が寸断されて、列車や自動車が動けなく

なる。

② 土砂 □ が起きて、道路や家がうまってしまう。

③ □ が発生して、町を焼いてしまう。

④ 他にどんな災害が起こるか、わかることを書きましょう。

[   ]

② 被害を防ぐため、国や県などが行っている取り組みについ
て □ に当てはまる言葉を〔　〕から選びましょう。

① 学校や地域で □ を行う。

② □ マップを作り、危険な場所を知らせる。

③ □ を出して地震の危険を知らせる。

④ 学校やその他の建物の □ を行う。

〔
緊急地震速報　　暴風警報　　耐震工事
ロード　　ひなん訓練　　ハザード
〕

津波災害への取り組み　名前

わたしたちの生活と環境

① 津波の説明を下から選んで（〇）をつけましょう。

（　）海の水が大きな渦をまく。

（　）海の水が波のように高くなり陸地に押し寄せてくる。

（　）山の土砂が勢いよく流れ落ちてくる。

② 津波が起こる原因や被害について □ にあてはまる言葉を
〔　〕から選びましょう。

□ でプレートがはね返って □ が起こり、

そのため □ が大きく動いて津波が起こります。

東日本大震災では、大勢の人が津波に □ てなくなりま

した。□ が海水につかって、作物が □ なり

ました。

〔　大陸だな　流され　地震　海水　育たなく　田畑　海底　〕

③ 津波災害を防ぐため、どんな取り組みがされているでしょう。

① 津波を防ぐ □ を海岸に造っている。

② 防災 □ や防災教育をしている。

③ [   ]

風水害・火山・雪害への取り組み

わたしたちの生活と環境

名前　＿＿＿＿＿＿＿＿＿＿＿

① 大雨や台風でどんな災害が起こるでしょう。□にあてはまる言葉を〔 〕から選びましょう。

① 短時間に激しい雨が降ったり、大雨が続くとどんな災害が起こるでしょう。

□　のていぼうが切れて、

住宅や □ が浸水する。

がけ □ や地すべりがおきて、□ がつぶれたり埋まったりする。

② 強風でどんな災害が起こるでしょう。

木や建物が倒れたり、物が □ たりする。

〔 田畑　家　木　くずれ　川　ふきとばされ 〕

② 台風や大雨の被害を防ぐために、わたしたちはどんなことをすればよいでしょう。

□

□

③ 風水害を防ぐための国、県や市町村の取り組みについて□にあてはまる言葉を〔 〕から選びましょう。

土砂が流れ出すのを防ぐために砂防 □ を造り、川の □ を高くしています。□ マップを作って危険な場所を知らせ、ひなん □ を設けています。

危険がせまってきたら、注意報や □ が出されます。

□ 指示が出されることもあります。

〔 ハザード　ひなん　ていぼう　場所　警報　ダム 〕

④ 今までにどこで火山の噴火がありましたか。知っているものを１つ書きましょう。

□

⑤ 火山の噴火に関係ある文に（Ａ）大雪の災害に関係のある文に（Ｂ）を書きましょう。

（　）道路の凍結を防いだり、除雪作業が必要になる。

（　）溶岩が流れ出し、火災が起こる。

（　）北海道や東北、北陸地方などでよく起こる。

（　）火山灰が降って、作物に被害が出る。

日本の森林
わたしたちの生活と環境

名前 _____

① 右のグラフから、日本の国土にしめる森林の割合についてどのようなことがわかりますか。

主な国の国土にしめる森林の割合

国	森林(%)	その他(%)
世界全体	森林 29.7	その他 70.3
南アフリカ共和国	7.6	92.4
イギリス	12.8	87.2
オーストラリア	16.1	83.9
中国	21.6	78.4
アメリカ	31.5	68.5
ロシア	47.7	52.3
ブラジル	58.1	41.2
フィンランド	65.7	34.3
日本	66.0	34.0
ラオス	78.4	21.6

0　20　40　60　80　100(%)

② 森林は、わたしたちの生活にどのように役立っているでしょう。□ にあてはまる言葉を〔　〕から選びましょう。

森から切り出された木材から □ や家具などがつくられます。間伐材からは □ がつくられたり、細かいチップにして、バイオマス燃料として □ に使われます。□ も木から作られ、ノートや本などになります。

また、森の中の □ などで □ が楽しめます。

〔　わりばし　　自然　　紙　　家　　発電　　ハイキング　〕

森林とのかかわり
わたしたちの生活と環境

名前 _____

① 森林破壊の原因を、下の絵を参考にして考えましょう。

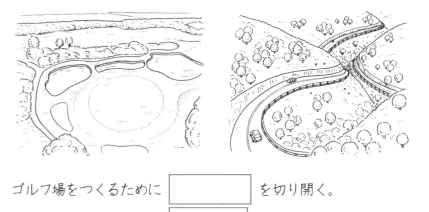

ゴルフ場をつくるために □ を切り開く。

観光道路をつくることで □ や植物が育つ環境をこわす。

② 右の文を読んで答えましょう。（日本の森林の 6 割が天然林、4 割が人工林）

① 天然林のよいところは何でしょう。

② 人工林は何のために植えられていますか。

天然林と人工林

天然林は、たくさんの種類の木があり、多くの生物がすんでいる。また、広葉樹が多いので、水を貯える力や酸素をつくる力も人工林よりはるかに大きい。人工林は、木材として役立ち、高い値段で売れる木がおもに植えられている。1～2 種類の針葉樹しかないので、生物も少なく、病害虫の被害も受けやすい。

森林を育てる仕事
名前

わたしたちの生活と環境

① 植林された木が育って切り出されるまでの仕事について、□にあてはまる言葉を〔 〕から選びましょう。

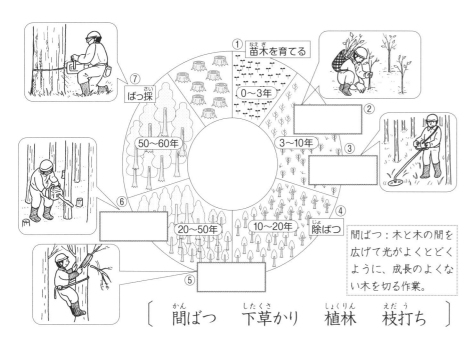

① 苗木を育てる
0～3年
3～10年
10～20年
20～50年
50～60年
⑦ ばっ採
②
③
④ 除ばつ
⑤
⑥

間ばつ：木と木の間を広げて光がよくとどくように、成長のよくない木を切る作業。

〔 間ばつ　下草かり　植林　枝打ち 〕

② 右のグラフからわかることを書きましょう。

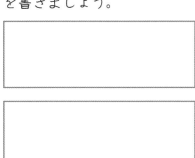

55才以上
35～54才
15～34才

林業で働く人の数の移り変わり

貴重な天然林・白神山地
名前

わたしたちの生活と環境

① 日本で世界自然遺産に登録されているものに（○）をつけましょう。

（　）富士山　　　　（　）白神山地
（　）屋久島　　　　（　）金閣寺
（　）小笠原諸島　　（　）熊野古道
（　）姫路城　　　　（　）知床

② 白神山地について、□にあてはまる言葉を〔 〕から選びましょう。

氷河期以前からの□□□□□の天然林が世界最大規模で残っている。白神山地の森林は、たくさんの□□□□□をたくわえ、森の中を流れる□□□□に□□□□をふくんだきれいな水をゆっくりと流している。また、この天然林は、□□□□や□□□□などたくさんの生き物にすみかや□□□□をあたえる生活の場になっている。

〔 鳥　赤石川　ぶな　えさ　動物　水　養分 〕

③ 白神山地は、何県にあるのでしょう。

□□□□□ と □□□□□

森林のはたらき
わたしたちの生活と環境

名前 _____

月　日

◎ 森林はどんなはたらきをしているのか、絵に色をぬり、
□ にあてはまる言葉を〔　　〕から選びましょう。

(1)〈森林と水〉

雨水がいっきに □ てしまわないように、

水を □ える。木の □ や枝にとどめたり、

□ がつもった土にたくわえたりして、ゆっくり地中

にしみこんで □ 水になる。

〔　葉　　地下　　流れ　　落ち葉　　たくわ　〕

(2)〈森林と空気〉

□ が高くなりすぎないように調節する。二酸化炭素

をとりこんで、□ を出し、空気を □ にする。

〔　きれい　　酸素　　気温　〕

(3)〈森林と生き物〉

生き物の □ になる。木の実などの生き物の □

もある。森から流れ出た □ をふくんだ水が川

や □ の生き物を育てる。

〔　海　　えさ　　栄養分　　すみか　〕

(4)〈森林と土〉

□ 葉や □ 木は、分解されて、栄養分を

ふくんだ □ になる。

土砂くずれや □ を防ぐ。

〔　こう水　　枯れ　　土　　落ち　〕

生活が便利になる一方で
わたしたちの生活と環境

名前 _____

1 　高度経済成長の時代に川のよごれがひどくなりました。
　その原因と考えられるもの3つに（○）をつけましょう。

（　　）工場からの排水　　　（　　）自動車の排気ガス

（　　）ビルの建設工事　　　（　　）すてられたごみ

（　　）台風や大雨の被害　　（　　）家庭からの排水

2 　高度経済成長の時代から、公害が全国に広がりました。

① 　どんな公害がありますか。

大気汚染(空気のよごれ)

② 　下の円グラフは2017年の公害苦情受付件数の割合をあらわし
　ています。1、2位を書きましょう。

その他
19%

騒音
23.4%

水質汚濁
8.7%

廃棄物投棄
12.9%

悪臭
14.3%

大気汚染
21.7%

日本国勢図会 2020/21

1	
2	

3 　最近スーパーなどのレジ袋が有料になってきています。これは
　何のためなのか、下から選んで（○）をつけましょう。

（　　）お店のもうけを増やすために有料にした。

（　　）プラスチックゴミを減らすためにやっている。

（　　）いろいろな買い物袋を広めて売るため。

4 　身の回りで使われているプラスチック製品を書きましょう。

5 　プラスチックゴミには、どんな問題があるのでしょうか。
　　□　にあてはまる言葉を〔　　　〕から選びましょう。

　　プラスチックで作られたレジ袋やトレーなどの多く
は、1回使ったら　□　にされていま
す。　□　から作られるプラスチックは、
自然の中では　□　されずに残ります。
　大量のプラスチックゴミが陸地や
□　をよごし、細かな粒となって、　□　たち
の体内にもたまり続けています。

〔　石油　　海　　使い捨て
　　生き物　　分解　〕

美しい自然環境をとりもどし・守る

わたしたちの生活と環境

名前 _____

---

① よごれた川を美しくするための取り組みについて □ にあてはまる言葉を〔　〕から選びましょう。

・生活排水が流れこまないように □ を整備した。

・工場排水が流されないように □ で規制した。

・地域の □ の運動、府県や市が条例をつくるなどして、すてられる □ を減らそうとした。

〔　住民　　工場　　ごみ　　法律　　上水道　　下水道　〕

---

② 京都府の鴨川条例では、どんなめいわく行為が規制されているでしょう。右の絵を見て3つ書きましょう。

□

□

□

鴨川・高野川では、
以下の迷惑行為が規制されています！
快適な利用のため、ルールを守りましょう！

◎自転車等の放置の禁止
◎落書きの禁止
◎自転車・バイク乗り入れ禁止

◎バーベキュー等の禁止

◎打ち上げ花火の禁止

---

③ 国は公害の被害をなくすためにどんな取り組みをしたでしょう。下の年表を見て、答えましょう。

□

＝　国の環境問題へのおもな取り組み　＝

1958年　工場排水規制法ができる。
　　　　工場からのよごれた排水をおさえる。

1967年　公害対策基本法ができる。
　　　　国、地方の行政、工場、住民の役割をしめす。

1968年　大気汚染防止法ができる。
　　　　工場等からの空気をよごす物質の排出をおさえる。

1970年　水質汚濁防止法
　　　　工場排水や家庭排水への対策

1971年　環境庁ができる。後に環境省に昇格
　　　　公害防止や自然環境保護に取り組む国の役所

1993年　環境基本法ができる。
　　　　公害防止や自然環境を守る基本を定めた。

---

④ 環境を守るために、自分たちができることを考えて書きましょう。

□

地図で見る自然環境保護

わたしたちの生活と環境

名前

月　日

◉ ラムサール条約登録地、世界自然遺産指定地、ナショナルトラスト運動に関する地名や言葉を
下の〔　〕から選び、地図の□□に書き入れましょう。

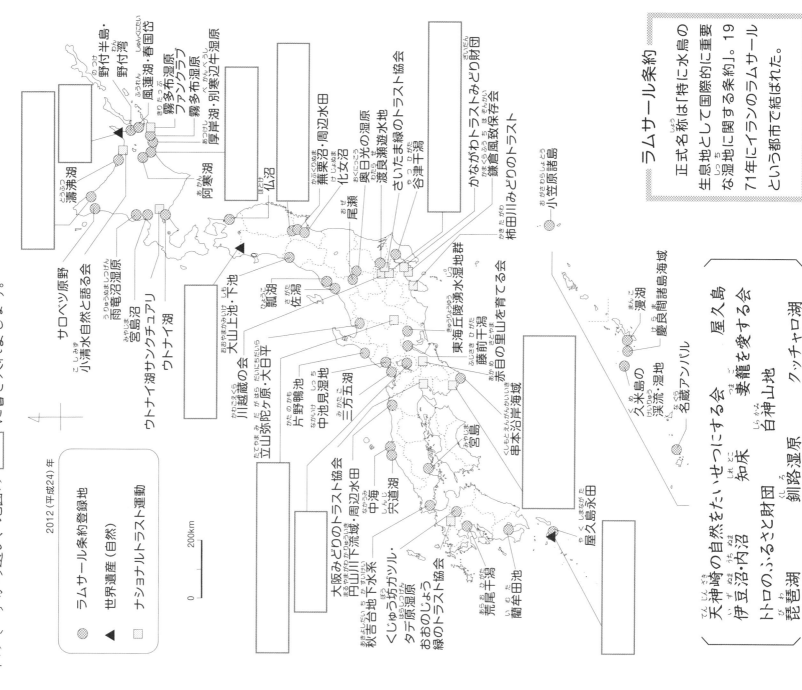

2012（平成24）年

0　　200km

○ ラムサール条約登録地
▲ 世界遺産（自然）
■ ナショナルトラスト運動

地図中の地名・団体名

サロベツ原野
小清水自然と語る会
雨竜沼湿原
宮島沼
ウトナイ湖サンクチュアリ
ウトナイ湖

濤沸湖
野付半島・野付湾
風蓮湖・春国岱
霧多布湿原ファンクラブ
霧多布湿原
厚岸湖・別寒辺牛湿原
阿寒湖

仏沼
加茂沼・周辺水田
化女沼
奥日光の湿原
渡良瀬遊水地
谷津干潟

大山上池・下池
瓢湖
佐潟
東海丘陵湧水湿地群
藤前干潟
赤目の里山を育てる会

川越蔵の会
立山弥陀ヶ原・大日平
片野鴨池
中池見湿地
三方五湖

大阪みどりのトラスト協会
円山川下流域・周辺水田
中海
宍道湖
くじゅう坊ガツル・タデ原湿原
おおのじょう緑のトラスト協会
秋吉台地下水系

荒尾干潟
藺牟田池

串本沿岸海域
宮島

かながわトラストみどり財団
鎌倉風致保存会
さいたま緑のトラスト協会
柿田川みどりのトラスト
小笠原諸島

屋久島永田
屋久島

久米島の渓流・湿地
慶良間諸島海域
名蔵アンパル
漫湖

〔選択語句〕

天神崎の自然をたいせつにする会　知床　屋久島
伊豆沼・内沼　妻籠を愛する会
トトロのふるさと財団　白神山地
琵琶湖　釧路湿原　クッチャロ湖

ラムサール条約

正式名称は「特に水鳥の
生息地として国際的に重要
な湿地に関する条約」。19
71年にイランのラムサール
という都市で結ばれた。

四大公害病
わたしたちの生活と環境

名前 _____

月　　日

1　（ア）～（エ）の県で発生した四大公害病の名前を書きましょう。

（ア）熊本県
（イ）三重県
（ウ）富山県
（エ）新潟県

2　四大公害病の原因について説明した文について、あてはまるものに1のア～エを（　）に書き入れましょう。

（　　）コンビナートの6つの工場から出るけむりで空気がよごされ、そこに住んでいた人たちが病気になった。

（　　）阿賀野川に流された工場はい水の有機水銀が魚の体中にたまり、その魚を食べて中毒になった。

（　　）カドミウムをふくむ鉱山のはい水が神通川に流され、田畑と作物が汚染された。それを食べて病気になった

（　　）有機水銀をふくむ工場はい水が水俣湾に流され、そこの魚を食べた人たちが中毒になった。

3　次の病気や症状は、1の（ア）～（エ）のどれによって起きたものでしょう。（　）にア～エを書き入れましょう。

①　骨がもろくなり、少し体を動かしただけでも骨折することがある。
（　　）

②　手足がしびれ、目や耳が不自由になり、体を動かすはたらきも弱まる。
（　　）（　　）

③　のどや鼻が悪くなり、はげしいゼンソクの発作が起こる。
（　　）

4　公害病の被害者たちは、公害を起こした会社を訴えて裁判を起こしました。結果はどうなったか（〇）をつけましょう

（　　）会社の責任は認められなかった。

（　　）会社の責任が認められ、損害賠償が支払われた。

（　　）会社の責任は認められたが、損害賠償はなかった。

5　この判決をうけて、国はどうしたか考えましょう。

被害者の [　　　　　] 費だけでなく、健康の回復、[　　　　　]
ことができなくなった人や [　　　　　] 人の遺族の補償など、
被害者の [　　　　] まで補償する [　　　　] がつくられた。

〔　働く　　生活　　医りょう　　法律　　亡くなった　〕

環境にやさしいまちづくり

わたしたちの生活と環境

名前 _____

月　日

---

① ゴミを減らして環境を守るため３R（スリーアール）とよばれる取り組みがあります。

① ３Rの３つの言葉と、それを説明している文を線でつなぎましょう。

リデュース ・

リユース ・

リサイクル ・

・ あきびんの回収、不要品のゆずり合いなど、ものをすてないで何度も使う。

・ 使い終わったものを回収して、もう一度原材料やエネルギーとして再利用する。

・ 長く使える製品やつめかえ容器の製品をすてないで、ゴミになるものを減らす。

② ゴミを分別収集している地域がたくさんあります。何のために分別収集しているのでしょう。

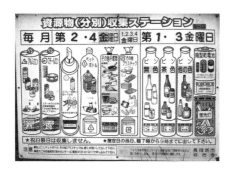

② 川のよごれの主な原因として考えられるものを下から３つ選んで（○）をつけましょう。

（　）工場からの排水　　（　）よごれた空気

（　）野生動物のフン　　（　）家庭などからの下水

（　）すてられたゴミ　　（　）下水処理場の排水

③ 川をきれいにするためには、国、県、市などでどのようなことをすればよいと思いますか。自分の意見を書きましょう。

```



```

④ 豊かな自然を守るための取り組みは、いろいろ考えられます。あなたは、どんな取り組みが大事だと思いますか。あなたが取り組んでみたいものを下から２つ選んで（○）をつけましょう。

（　）開発などで自然がこわされないように法律をつくる。

（　）自然のよさを知らせ、自然を守るようによびかける。

（　）植林やゴミ拾いなどのボランティア活動をする。

（　）自然保護地域をつくって動植物を守る。

（　）自分の家や公園などに木や草花を植えて緑をふやす。

（　）自然に親しめるようなイベントをおこなう。

（　）自然を守る取り組みをするように国や県に要求する。

（　）自然を保護する活動をする団体をつくる。

日本白地図

200km

世界白地図

米づくりの
さかんな地域の農業　名前（　　　　　　　　）

◎　米づくりのさかんな地域の農業を調べてみましょう。
（農協で聞く、農家を紹介してもらう）

調べた地域　[　　　　　　　　　　　　　　　　]

①　耕地の広さ　[　　　　　]　そのうち水田の広さ　[　　　　　]

②　米の他に作っている作物や飼っている家畜など

[　　　　　　　　　　　　　　　　　　　　　　　　　　　]

③　家族の中で農業をしている人（専業、主にしている、少ししている）

[　　　　　　　　　　　　　　　　　　　　　　　　　　　]

④　農業収入（または家計の中で農業収入のしめる割合）

[　　　　　　　　　　　　　　　　　　　　　　　　　　　]

⑤　米からの収入（または農業収入の中で米のしめる割合）

[　　　　　　　　　　　　　　　　　　　　　　　　　　　]

⑥　１日の平均労働時間　[　　　　　　　　　　　　　]

⑦　使っている機械とその値段

⑧　工夫していることや取り組んでいること

近くの地域の農業　名前（　　　　　　　　）

◎　自分の住んでいる近くの地域や農業を調べて、米づくりのさかんな地域と比べてみましょう。

①　耕地の広さ　[　　　　　]　そのうち水田の広さ　[　　　　　]

②　米の他に作っている作物や飼っている家畜など

[　　　　　　　　　　　　　　　　　　　　　　　　　　　]

③　家族の中で農業をしている人（専業、おもにしている、少ししている）

[　　　　　　　　　　　　　　　　　　　　　　　　　　　]

④　家計の中での農業収入の割合（または金額）　[　　　　　]

⑤　農業収入にしめる米の収入の割合（または金額）　[　　　　　]

⑥　１日の平均労働時間　[　　　　　　　　　　　　　]

⑦　使っている機械とその値段

[　　　　　　　　　　　　　　　　　　　　　　　　　　　]

⑧　工夫していることや取り組んでいること

[　　　　　　　　　　　　　　　　　　　　　　　　　　　]

⑨　比べてみてわかったことを書きましょう。

[　　　　　　　　　　　　　　　　　　　　　　　　　　　]

農家の人に　インタビュー

名前（　　　　　　　　　　　）

① ある１日の仕事と生活を表にしましょう。

時　分　起きる
時　分　ねる

② なぜ農業を続けているのですか。

③ 農業をしていてうれしいのは、どんな時ですか。

④ 困(こま)ることや苦労するのは、どんなことですか。

⑤ 農業の現状(げんじょう)やこれからの農業について、どう思っていますか。

⑥ インタビューをした感想や自分の意見を書きましょう。

農作業見学カード

名前（　　　　　　　　　　　）

① 日時・天候

② 農作業の内容

③ 使っていた機械・道具・その他

④ 農作業の実況中継(じっきょうちゅうけい)。（絵なども入れて、どんな仕事をどのようにされていたかくわしく書きましょう。）

⑤ 見学のまとめ・感想・意見など

101

自動車工場の見学　名前（　　　　　　　　　　）

① 見学する工場について、わかることを事前に調べておきましょう。

（ア）工場の名前　[　　　　　]

（イ）所在地　[　　　　　]

（ウ）工場の広さ　[　　　　　]

（エ）働く人の数　[　　　　　]

（オ）

生産車種	生産台数

② 見学したり、お話を聞いたりして、どんなことを知りたいか書きましょう。

（ア）工場の規模や歴史、中の施設などについて。

（イ）自動車が完成するまでのことについて。

（ウ）工場で働く人について。

③ 工場見学をしたことをメモしましょう。

（ア）働く人の服そう（絵と文で）

（イ）工場の中の音やにおい

（ウ）工場の中にある看板やポスター

（エ）工場内部のようすで気がついたこと

（オ）聞いたこともメモしておきましょう。

（カ）働いている人のようすをよく見ましょう。

一人の人がどんな作業をしているか、見たままの動作やようすなどを、実況中継しているアナウンサーになったつもりで、絵や言葉で書いてみましょう。

...... ◎ワンポイントアドバイス◎ ......
働く姿勢や使っている道具、1サイクルの動作の回数や速さ・歩く距離、取り付けている部品の個数や大きさ、もどるときのようす、ゆとりなどに注目しましょう。

（キ）その他の働く人のようす

（ク）工場の周りのようす（道路や鉄道、他の工場、住宅など）

（ケ）出入りしている自動車など。

（コ）もっと知りたいこと、見学した感想などを書きましょう。

地域の公害調べ　　名前（　　　　　　　　　）

◎　地域に公害がないか調べに行き、わかったことをまとめましょう。

調べた場所

公害の種類

調べた内容

近くの人に聞いた話・こまっていること、反対運動など

その他

やってみよう
①　調べた結果をもとにして、地域の公害地図をつくろう。
②　簡単な薬品などを使って、空気や水の汚れ、騒音などを調べてみよう。
③　調べてわかったことや、感想を書こう。

地域の環境調べ　　名前（　　　　　　　　　）

◎　身のまわりの自然環境をチェックしてみましょう。

①　調べた場所

②　調査結果（見つけた生き物など、絵や図などもいれてみよう。）

③　調査結果からわかったこと・感想など

＜調べる内容例＞
①　川　森　田んぼや畑　空き地　公園　池などの生き物や植物調べ
②　森や田んぼの移り変わり（大人の人の子どものころとくらべる）など
③　水の汚れの程度、川底や川岸のゴミ、川岸は自然か人工か　など

P.6

世界の国々と日本
わたしたちの国土　　名前

① P5の日本を赤くぬりましょう。

略

② 地図帳で調べて，①～⑱の国名を書きましょう。

① ロシア連邦	⑩ イギリス
② 中華人民共和国	⑪ エジプト
③ インド	⑫ ナイジェリア
④ インドネシア	⑬ 南アフリカ共和国
⑤ オーストラリア	⑭ カナダ
⑥ イラン	⑮ アメリカ合衆国
⑦ サウジアラビア	⑯ メキシコ
⑧ スウェーデン	⑰ ブラジル
⑨ フランス	⑱ アルゼンチン

③ 日本を東経140度の経線が通っています。他に，この経線が通っている国を地図帳や地球儀でさがして，3つ書きましょう。

ロシア連邦	オーストラリア
インドネシア	

④ 日本を北緯40度の緯線が通っています。他に，この緯線が通っている国を地図帳や地球儀でさがして，4つ書きましょう。

(例) 中華人民共和国	トルコ
スペイン	アメリカ合衆国

⑤ 次の文で説明されている国を②の答えから選んで書きましょう。
① 世界で一番人口の多い国
② 世界で一番面積の大きい国
③ 世界最大の熱帯林がある国
④ ピラミッドやスフィンクスのある国

① 中華人民共和国
② ロシア連邦
③ ブラジル
④ エジプト

⑥ 次の国の正式な名前を地図帳の資料ページで調べましょう。
① フランス　② イギリス　③ サウジアラビア

① フランス共和国	③ サウジアラビア王国
② グレートブリテン及び北アイルランド連合王国	

P.7

世界の大陸と海
わたしたちの国土　　名前

① 左の①～⑧にあてはまる世界の6大陸と3海洋の名前を書きましょう。

① ユーラシア大陸	② アフリカ大陸	③ オーストラリア大陸
④ 北アメリカ大陸	⑤ 南アメリカ大陸	⑥ 南極大陸
⑦ インド洋	⑧ 太平洋	⑨ 大西洋

② ①の大陸と海を地球儀でさがし，見つけたら左の地図の番号に色をぬりましょう。

③ クイズ 地球儀や地図帳で調べて，①～⑦の大陸名や海洋名を書きましょう。
① 世界のどの国の領土にもなっていない大陸です。
② 世界最大の海です。
③ この大陸はヨーロッパとアジアからなります。
④ 一番小さな大陸です。
⑤ 地球儀で日本の反対側にある海です。
⑥ 北部に世界一の砂漠がある大陸です。
⑦ 南の端が南極大陸に一番近い大陸です。

① 南極大陸
② 太平洋
③ ユーラシア大陸
④ オーストラリア大陸
⑤ 大西洋
⑥ アフリカ大陸
⑦ 南アメリカ大陸

P.8

日本の国土と周りの国々
わたしたちの国土　　名前

日本の位置と広がり

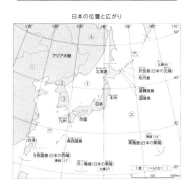

① 左の図を見て，周りの国々の名前や海洋名を書き入れましょう。国名を◯に，海洋名を◻に書きましょう。

① 中華人民共和国	② 朝鮮民主主義人民共和国
③ 大韓民国	④ ロシア連邦
⑦ オホーツク海	④ 日本海
⑨ 東シナ海	② 太平洋

② 正しい方に◯をしましょう。
① 日本は周りを（海・陸地）に囲まれている。
② 九州に一番近い国は（韓国・中国）である。
③ 日本の国土はアジア大陸の（西・東）はしにそって，（弓・円）形に連なっている。

P.9

緯度と経度
わたしたちの国土　　名前

① 地図帳を見て調べ，◻にあてはまる言葉や数字を入れましょう。

経度は地球上の東西の位置を表し，イギリスのロンドンを通る経線を **0** 度として地球を東西に分け，それぞれ **180** 度に区切っています。緯度は地球上の南北の位置を表し，**赤道** を0度として，北極・南極までをそれぞれ **90** 度に区切っています。

② 日本標準時は，何をもとに決められていますか。◻に数字を書きましょう。

兵庫県明石市を通る東経 **135** 度の線によって決められています。

明石市立天文科学館（兵庫県）

③ 下の図を見て答えましょう。

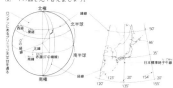

① 北極の位置を表しているものに（◯）をつけましょう。
（　）北緯180°　（◯）北緯90°
（　）南緯180°　（　）南緯90°

② 南極の位置を表しているものに（◯）をつけましょう。
（　）北緯180°　（　）北緯90°
（　）南緯180°　（◯）南緯90°

③ 太陽は東からのぼってきます。北海道と沖縄県では，どちらの方が早く夜が明けるでしょう。

北海道

P.10

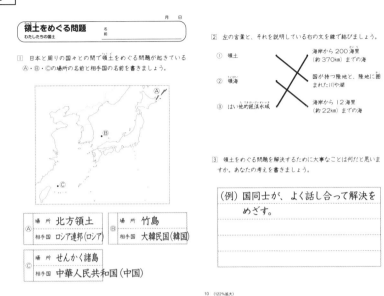

領土をめぐる問題
わたしたちの国土

① 日本と周りの国々との間で領土をめぐる問題が起きている Ⓐ・Ⓑ・Ⓒの場所の名前と相手国の名前を書きましょう。

場所	北方領土	場所	竹島
Ⓐ 相手国	ロシア連邦(ロシア)	Ⓑ 相手国	大韓民国(韓国)

場所	せんかく諸島
Ⓒ 相手国	中華人民共和国(中国)

② 左の言葉と、それを説明している右の文を線で結びましょう。

① 領土
② 領海
③ はい他的経済水域

海岸から200海里(約370km)までの海
国が持つ陸地と、陸地に囲まれた川や湖
海岸から12海里(約22km)までの海

③ 領土をめぐる問題を解決するために大事なことは何だと思いますか。あなたの考えを書きましょう。

(例) 国同士が、よく話し合って解決をめざす。

P.11

日本の山地・山脈・火山帯
わたしたちの国土

① 左の地図の①〜⑨にあてはまる山地や山脈の名前を書き入れましょう。

① 日高	山脈	② 出羽	山地
③ 奥羽	山脈	④ 飛驒	山脈
⑤ 赤石	山脈	⑥ 鈴鹿	山脈
⑦ 中国	山地	⑧ 四国	山地
⑨ 九州	山地		

② ┈┈┈ は火山帯です。
Ⓐ と Ⓑ の火山帯を赤でぬり、□□□ に火山帯の名前を書きましょう。

Ⓐ 東日本	火山帯	Ⓑ 西日本	火山帯

③ 富士山、阿蘇山、大雪山に△印と名前を書きましょう。

④ □にあてはまる数字と言葉を書き入れましょう。
① 日本の国土の約4分の 3 が山地である。
② 山地を形成する山脈は、日本列島のほぼ中央に背骨のように連なっていて、国土を 太平 洋側と 日本 海側に分けている。

P.12

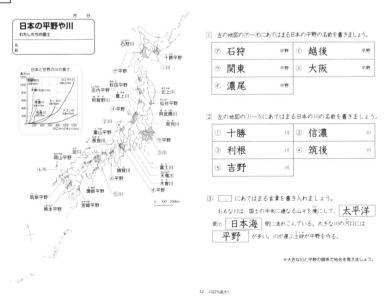

日本の平野や川
わたしたちの国土

① 左の地図の⑦〜㋔にあてはまる日本の平野の名前を書きましょう。

⑦ 石狩	平野	④ 越後	平野
⑦ 関東	平野	㋒ 大阪	平野
㋔ 濃尾	平野		

② 左の地図の①〜⑤にあてはまる日本の川の名前を書きましょう。

① 十勝	川	② 信濃	川
③ 利根	川	④ 筑後	川
⑤ 吉野	川		

③ □にあてはまる言葉を書き入れましょう。
おもな川は、国土の中央に連なる山々を境にして、太平洋側と 日本海 側に流れこんでいる。大きな川の河口には 平野 が多い。川が運ぶ土砂が平野を作る。

※大きな川と平野の関係で地名を覚えましょう。

P.13

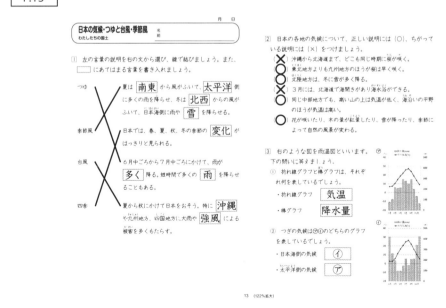

日本の気候・つゆと台風・季節風
わたしたちの国土

① 左の言葉の説明を右の文から選び、線で結びましょう。また、□□□ にあてはまる言葉を書き入れましょう。

つゆ
季節風
台風
四季

夏は 南東 から風がふいて、太平洋 側に多くの雨を降らせ、冬は 北西 からの風がふいて、日本海側に雨や 雪 を降らせる。

日本では、春、夏、秋、冬の季節の 変化 がはっきりと見られる。

6月中ごろから7月ごろにかけて、雨が 多く 降る。短時間で多くの 雨 を降らせることもある。

夏から秋にかけて日本をおそう。特に 沖縄 や九州地方、四国地方に大雨や 強風 による被害を多くもたらす。

② 日本の各地の気候について、正しい説明には (○)、ちがっている説明には (×) をつけましょう。

× 沖縄から北海道まで、どこも同じ時期に桜が咲く。
× 東北地方よりも九州地方のほうが桜は早く咲く。
○ 北陸地方は、冬に雪が多く降る。
× 3月には、北海道で海開きがあり海水浴ができる。
○ 同じ中部地方でも、高い山の上は気温が低く、海沿いの平野のほうが気温は高い。
○ 花が咲いたり、木の葉が紅葉したり、雪が降ったり、季節によって自然の風景が変わる。

③ 右のような図を雨温図といいます。下の問いに答えましょう。
① 折れ線グラフと棒グラフは、それぞれ何を表しているでしょう。
・折れ線グラフ 気温
・棒グラフ 降水量

② つぎの気候を⑦①のどちらのグラフを表しているでしょう。
・日本海側の気候 ①
・太平洋側の気候 ⑦

P.14

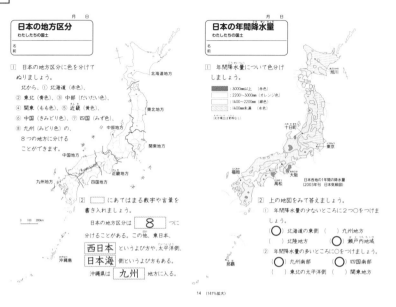

日本の地方区分
わたしたちの国土
名前

① 日本の地方区分に色を分けてぬりましょう。

北から、① 北海道（赤色）、② 東北（青色）、③ 中部（だいだい色）、④ 関東（もも色）、⑤ 近畿（黄色）、⑥ 中国（きみどり色）、⑦ 四国（みず色）、⑧ 九州（みどり色）の、８つの地方に分けることができます。

② □にあてはまる数字や言葉を書き入れましょう。

日本の地方区分は **8** つに分けることがある。この他、東日本、**西日本** というよび方や、太平洋側、**日本海** 側というよび方もある。

沖縄県は **九州** 地方に入る。

日本の年間降水量
わたしたちの国土
名前

① 年間降水量について色分けしましょう。

- ：3000mm以上 （赤色）
- ：2200〜3000mm （オレンジ色）
- ：1400〜2200mm （緑色）
- ：1400mm未満 （水色）

② 上の地図をみて答えましょう。

① 年間降水量の少ないところに２つ○をつけましょう。
（○）北海道の東側　（　）九州地方
（　）北陸地方　（○）瀬戸内地域

② 年間降水量の多いところに○をつけましょう。
（○）九州南部　（○）四国南部
（　）東北の太平洋側　（　）関東地方

P.15

日本の気候区分
わたしたちの国土
名前

① 下の地図のそれぞれの気候の地域に色をぬりましょう。

青色 北海道地方の気候
緑色 日本海側の気候
もも色 太平洋側の気候
赤色 内陸の高地の気候
オレンジ色 瀬戸内海の気候
黄色 南西諸島の気候

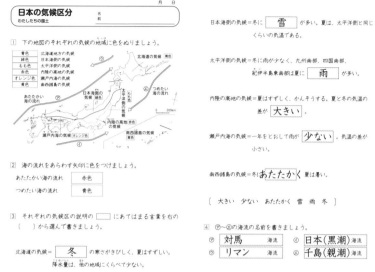

② 海の流れをあらわす矢印に色をつけましょう。
あたたかい海の流れ　赤色
つめたい海の流れ　青色

③ それぞれの気候区の説明の□にあてはまる言葉を右の〔　〕から選んで書きましょう。

北海道の気候＝ **冬** の寒さがきびしく、夏はすずしい。降水量は、他の地域にくらべて少ない。

日本海側の気候＝冬に **雪** が多い。夏は、太平洋側と同じくらいの気温である。

太平洋側の気候＝冬に雨が少なく、九州南部、四国南部、紀伊半島東南部は夏に **雨** が多い。

内陸の高地の気候＝夏はすずしく、かんそうする。夏と冬の気温の差が **大きい**。

瀬戸内海の気候＝一年をとおして雨が **少ない**。気温の差が小さい。

南西諸島の気候＝冬も **あたたかく** 夏は暑い。

〔 大きい　少ない　あたたかく　雪　雨　冬 〕

④ ⑦〜②の海流の名前を書きましょう。
⑦ **対馬** 海流　④ **日本（黒潮）** 海流
⑨ **リマン** 海流　② **千島（親潮）** 海流

P.16

川にかこまれた土地−輪中のようす−
わたしたちの国土
名前

① 輪中のある岐阜県海津市あたりの土地について、□の中にあてはまる言葉を〔　〕から選んで書きましょう。

大昔、濃尾平野は海でした。木曽三川と呼ばれる **木曽** 川、**長良** 川、**いび** 川の上流から土や砂が運ばれてきて、今の平野ができました。養分を多くふくんだ土で **農業** をするには適していました。

しかし、下流のあたりは、土地が大変低く、**堤防** もなく、自然のまま流れていた川は、大雨が降ると流れを変え、洪水となって **田畑** や人々の **命** をうばっていました。

〔 田畑　木曽　堤防　漁業　長良　命　いび　農業 〕

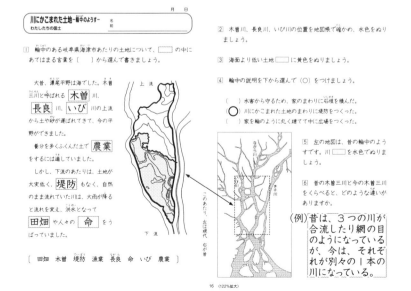

② 木曽川、長良川、いび川の位置を地図帳で確かめ、水色をぬりましょう。

③ 海面より低い土地□に黄色をぬりましょう。

④ 輪中の説明を下から選んで（○）をつけましょう。
（　）水害から守るため、家のまわりに石垣を積んだ。
（○）川にかこまれた土地のまわりに堤防をつくった。
（　）家を輪のように丸く建てて中に広場をつくった。

⑤ 左の地図は、昔の輪中のようすです。川を水色でぬりましょう。

⑥ 昔の木曽三川と今の木曽三川をくらべると、どのような違いがありますか。

（例）昔は、３つの川が合流したり網の目のようになっているが、今は、それぞれが別々の１本の川になっている。

P.17

輪中のくらしと農業
わたしたちの国土
名前

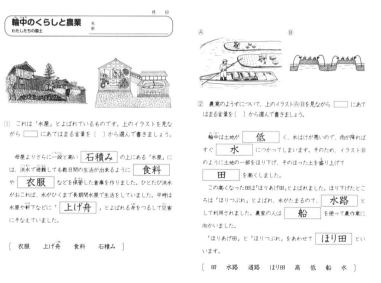

① これは「水屋」とよばれているものです。上のイラストを見ながら□にあてはまる言葉を〔　〕から選んで書きましょう。

母屋よりさらに一段と高い **石積み** の上にある「水屋」には、洪水で避難しても数日間の生活が出来るように **食料** や **衣服** などを保管した倉庫を作りました。ひとたび洪水がおこれば、水がひくまで長期間水屋で生活をしていました。平時は水屋や軒先などに「上げ舟」とよばれる舟をつるして災害にそなえていました。

〔 衣服　上げ舟　食料　石積み 〕

② 農業のようすについて、上のイラスト④⑧を見ながら□にあてはまる言葉を〔　〕から選んで書きましょう。

輪中は土地が **低** く、水はけが悪いので、雨が降ればすぐ **水** につかってしまいます。そのため、イラスト⑧のように土地の一部を掘り下げ、そのほった土を盛り上げて **田** を高くしました。

この高くなった田は「ほりあげ田」とよばれました。掘り下げたところは「ほりつぶれ」とよばれ、水がたまるので、**水路** として利用されました。農業の人は **船** を使って農作業に向かいました。

「ほりあげ田」と「ほりつぶれ」をあわせて **ほり田** といいます。

〔 田　水路　道路　ほり田　高　低　船　水 〕

P.18

沖縄の気候と台風　名前

① 地図帳を見て調べましょう。
自分たちの地域の月別降水量を沖縄の棒グラフの横に青で書き、気温を赤の折れ線グラフで書きましょう。

（沖縄県那覇市の月別平均気温と降水量）

略

② 沖縄の人たちのくらしごよみと、わたしたちのくらしを比べてみましょう。

比べること	沖縄地方	わたしたちの都道府県
桜の咲く時期	1月	
海開きの時期	4月はじめ	
冷房のいる時期	5月～10月中ごろ	**略**
暖房のいる時期	12月中ごろ～3月はじめ	
稲かりの時期	1回目7月・2回目11月	
梅雨の時期	5月～6月はじめ	

③ 比べてみてわかったことを書きましょう。
（例）桜の咲く時期は○か月、海開きは△か月、梅雨の時期は□か月もちがう。冷房や暖房がいる時期もちがう。稲が1年に2度も収穫できる。沖縄はとても暖かい。

④ 沖縄の家のつくりを調べてみましょう。
下の絵を見ながら □ にあてはまる言葉を書きましょう。

沖縄の昔からある家

コンクリートの住宅とタンクのある家

① 戸を広くとってあるのは、**風通し** をよくして、暑さや湿度をやわらげるためです。

② 家のまわりに、さんごを積んだ石垣や、「ふくぎ」という木を植えているのは、強い **風** を防ぐためです。

③ 最近の住宅は **コンクリート** で作られた家が多くなってきています。

④ 水不足になりやすい沖縄では、家の屋根にあるタンクに **水** をたくわえています。

⑤ 下の棒グラフを見て、台風が近づいた回数の多い地域を二つ書きましょう。

台風が近づいた回数 (1981～2010年の合計)

	地域名	台風が近づいた回数
1位	沖縄	222回
2位	九州	195回
自分たちの地域	略	

18 (141%拡大)

P.19

気候を生かした農業　名前

① 右のグラフを見て答えましょう。

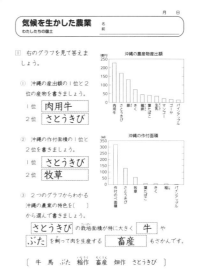
沖縄の農産物産出額

① 沖縄の産出額の1位と2位の産物を書きましょう。
1位 **肉用牛**
2位 **さとうきび**

沖縄の作付面積

② 沖縄の作付面積の1位と2位を書きましょう。
1位 **さとうきび**
2位 **牧草**

③ 2つのグラフからわかる沖縄の農業の特色を〔　〕から選んで書きましょう。
さとうきび の栽培面積が特に大きく **牛** や **ぶた** を飼って肉を生産する **畜産** もさかんです。

〔 牛　馬　ぶた　稲作　畜産　畑作　さとうきび 〕

② 沖縄でのさとうきびの栽培について □ にあてはまる言葉を〔　〕から選びましょう。
さとうきびは、茎が太く **台風** に強く、沖縄の **日ざし** の強さにもたえられます。**気温** や湿度が高い沖縄の気候にあっているため、多く栽培されるようになりました。また、沖縄の多くの **土地** が酸性土じょうなのも栽培に適していました。

〔 日ざし　つゆ　気温　台風　川　土地　騒音 〕

③ 小菊の生産と出荷について下のグラフを見て答えましょう。

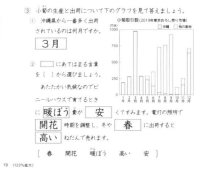
小菊取引数（2019年東京おろし売り市場）

① 沖縄県から一番多く出荷されているのは何月ですか。
3月

② □ にあてはまる言葉を〔　〕から選びましょう。
あたたかい気候なので、ビニールハウスで育てるときに **暖ぼう** 費が **安** くすみます。電灯の照明で **開花** 時期を調整し、冬や **春** に出荷すると **高い** ねだんで売れます。

〔 春　開花　暖ぼう　高い　安 〕

19 (122%拡大)

P.20

沖縄の開発　名前

① 沖縄県の観光について、下のグラフや地図を参考にして、□ にあてはまる言葉を〔　〕から選んで書きましょう。

九州 の南につらなる島々 **沖縄** 島から南の島々、沖縄県です。美しい **海** や史跡などが多く、年々、観光客が増え続け、2018年には、沖縄の人口145万人の **7** 倍近い **1000** 万人がおとずれています。

〔 沖縄　九州　山　海
　7　100　1000 〕

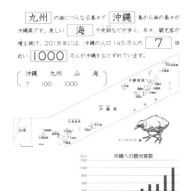

沖縄への観光客数

② 観光開発がさかんになると起こる問題について、イラストを参考にして、□ にあてはまる言葉を〔　〕から選んで書きましょう。

① **リゾートホテル** が建ち、たくさんの **観光客** が来てゴミを出していきます。
リゾートホテル

② 観光施設や道路建設などの土地開発により **土砂** や **赤土** が海に流れこみ、海をよごします。その結果、沖縄の海の **サンゴ** が死んでいきます。
サンゴしょう

③ ゴルフ場の雑草を防ぎ芝生を守るためにまかれる **除草剤** が海に流れこみます。
死んだサンゴしょう

④ **ヤンバルクイナ** など貴重な動植物も環境の変化で減ってきています。地域の発展と引きかえに、**自然** を破壊するという問題が起こっています。
ゴルフ場

〔 赤土　除草剤　自然　ヤンバルクイナ
　リゾートホテル　土砂　観光客　サンゴ 〕

20 (141%拡大)

P.21

山地の人々のくらし　名前

① 道路や畑・家に色をつけましょう。

② 作業をして気づいたことを書きましょう。

（例）道がくねくねしている。畑が少ない。道にそって家が建っている。だんだん畑みたいだ。

③ 右のイラストを見て答えましょう。
島の斜面に畑を作るためにどんな工夫をしていますか。

石垣 を積み上げ、少しでも土地を広くしている。

④ 畑ではジャガイモやそば・お茶・こんにゃくいもなどが栽培されています。なぜこのようなものが多く栽培されているのでしょう。□ にあてはまる言葉を〔　〕から選んで入れましょう。

やせた 土地でも育ち、あまり **世話** をかけなくても育つから。

〔 肥えた　やせた　世話　石垣 〕

高原の人々のくらし　名前

嬬恋村（群馬県）の月別平均気温と降水量

東京都中央おろし市場統計 キャベツの月別入荷量（平成22年）

① 7月～10月に入荷量の多い県に赤色をぬりましょう。

② 月別入荷量のグラフを見て、下の □ にあてはまる言葉を入れましょう。
キャベツは、春・夏・冬と年間で3シーズンあります。高温や乾そうに弱く、生育適温は15℃～20℃といわれています。春5月に生産が多いのは **千葉** 県や **神奈川** 県です。夏7月～10月に多いのは **群馬** 県、冬12月～3月に多いのは **愛知** 県と **千葉** 県です。
群馬県で夏に生産が多いのは、夏の平均気温が **20** ℃以下で標高1000メートル前後の高地で生産しているため、キャベツの生育条件に適しているからです。

21 (141%拡大)

P.22

寒い土地の人々のくらし
わたしたちの国土　名前

● [　] にあてはまる言葉を [　] から選んで書き入れ、左のイラストと右の説明を線で結びましょう。

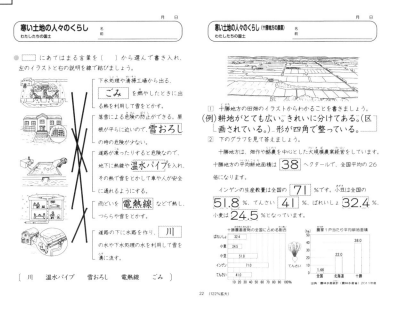

- 下水処理や清掃工場から出る、**ごみ** を燃やして雪をとかす。
- 落雪による危険の防止ができる。屋根が平らに近いので、**雪おろし** の時の危険が少ない。
- 道路が凍ったりすると危険なので、地下に熱線や **温水パイプ** を入れ、その熱で雪をとかして車や人が安全に通れるようにする。
- 雨どいに **電熱線** などを通して熱し、つららや雪をとかす。
- 道路の下に水路を作り、**川** の水や下水処理の水を利用して雪を消して流す。

[川　温水パイプ　雪おろし　電熱線　ごみ]

寒い土地の人々のくらし（十勝地方の農業）
わたしたちの国土　名前

① 十勝地方の田畑のイラストからわかることを書きましょう。

（例）耕地がとても広い。きれいに分けてある。（区画されている。）形が四角で整っている。

② 下のグラフを見て答えましょう。

十勝地方は、畑作や酪農を中心とした大規模農業経営をしています。十勝地方の平均耕地面積は **38** ヘクタールで、全国平均の26倍になります。

インゲンの生産数量は全国の **71** ％です。小豆は全国の **51.8** ％、てんさい **41** ％、ばれいしょ **32.4** ％、小麦は **24.5** ％となっています。

P.23

米の産地ベスト10
わたしたちの生活と食料生産　名前

① 下の表で、米の作付面積のベスト10と、とれ高のベスト10にそれぞれ色をぬりましょう。（米の白地図にもぬってみましょう。）

都道府県	作付面積	とれ高	都道府県	作付面積	とれ高	都道府県	作付面積	とれ高
全国	146.9	778.0	新潟	11.8	62.7	鳥取	1.2	6.3
北海道	10.4	51.4	富山	3.7	20.5	島根	1.7	9.1
青森	4.4	26.3	石川	2.5	13.0	岡山	3.0	15.6
岩手	5.0	27.3	福井	2.5	13.2	広島	2.3	12.2
宮城	6.7	37.1	山梨	0.4	2.6	山口	1.9	10.3
秋田	8.7	49.1	長野	3.2	19.9	徳島	1.1	5.3
山形	6.4	37.4	岐阜	2.2	10.7	香川	1.2	5.9
福島	6.4	36.4	静岡	1.7	8.6	愛媛	1.3	6.9
茨城	6.8	35.8	愛知	2.7	13.7	高知	1.1	5.0
栃木	5.8	32.1	三重	2.7	13.7	福岡	3.5	18.2
群馬	1.5	7.6	滋賀	3.1	16.2	佐賀	2.4	12.9
埼玉	3.1	15.5	京都	1.4	7.2	長崎	1.1	5.7
千葉	5.5	30.1	大阪	0.5	2.7	熊本	3.3	17.6
東京	0.13	0.5	兵庫	3.7	18.2	大分	2.0	10.3
神奈川	0.3	1.5	奈良	0.8	4.4	宮崎	1.6	7.9
			和歌山	0.6	3.1	鹿児島	1.9	9.0
2018年 農水省						沖縄	0.07	0.2

（単位 面積＝万ha とれ高＝万t）

② わかったことを書きましょう。

（例）東北地方で米つくりがさかんである。作付面積もとれ高も新潟と北海道が１位と２位になっている。関東地方の北部の茨城や栃木も東北地方と同じくらいさかんである。

米づくりのさかんな地域の自然
わたしたちの生活と食料生産　名前

① 右の土地利用図で、庄内平野の水について [　] にあてはまる言葉を [　] から選んで書きましょう。

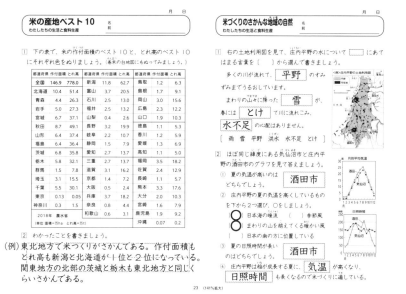

多くの川が流れて **平野** のすみずみまでうるおしています。まわりの山々に降った **雪** が、春には **とけ** て川に流れこみ、**水不足** の心配はありません。

[雨　雪　平野　洪水　水不足　とけ]

② ほぼ同じ緯度にある気仙沼市と庄内平野の酒田市のグラフを見て答えましょう。

① 夏の気温が高いのはどちらでしょう。　**酒田市**

② 庄内平野の夏の気温を高くしているものを下から2つ選び、○をしましょう。

○ 日本海の暖流　（　）季節風
○ まわりの山を越えてくる暖かい風　（　）日本の南の方に位置している

③ 夏の日照時間が長いのはどちらでしょう。　**酒田市**

④ 庄内平野では稲が成長する夏に、**気温** が高くなり、**日照時間** も長くなるので米づくりに適している。

P.24

米づくりの１年
わたしたちの生活と食料生産　名前

① 絵を参考にして、[　] にあてはまる作業を下の [　] から選びましょう。

1月	土づくり
2月	
3月	種もみを選ぶ　たい肥を選ぶ
4月	**なえつくり**
5月	田おこし　**しろかき**　**田植え**
6月	水の管理　田のみぞをほる　田の水をぬく
7月	**農薬をまく**　肥料をまく
8月	
9月	**稲かり**
10月	だっこく、かんそう、もみすり
11月	たい肥づくり
12月	土づくり

[しろかき　稲かり　田植え　なえつくり　農薬をまく]

② よい種もみを選ぶために食塩水につけます。

① 浮いたものと沈んだもみのどちらがよい種もみですか。正しい方に○をつけましょう。

（　）浮いたもみ
（○）沈んだもみ

② なぜそう考えましたか。理由を書きましょう。

（例）沈んだ方が重いので、中身がしっかりつまったよい種だから。

③ 田おこしは、何のためにするのか、考えてみましょう。

〈ヒント〉冬の間に土は、かたくなっている？やわらかくなっている？

（例）土を掘り起こして、空気を入れてやわらかくし、根がのびやすくする。

④ 農薬を使う目的を2つ書きましょう。

| 雑草を枯らしたり育たないようにする。 | 病気や害虫から稲を守る。 |

P.25

米づくりと土・水
わたしたちの生活と食料生産　名前

① [　] にあてはまる言葉を下の [　] から選びましょう。

米をたくさん作るために、少量で速く効く **化学肥料** がよく使われます。しかし、使いすぎると土が悪くなったり、環境汚染の原因にもなります。そのため、**家畜のふん** や **落ち葉** などをくさらせた **堆肥** も肥料として使います。これを作るためには、手間と時間が必要です。

よい土で稲を育てると、じょうぶに育ち、**病気** や害虫にも強くなり、**農薬** の量を減らすこともできます。

[家畜のふん　病気　堆肥　用水　土　農薬　化学肥料　落ち葉]

② 右のグラフを見て、問いに答えましょう。

① 化学肥料の使用量はどのように変わっていますか。

途中まで増えてきたが、その後は少し減っている。

② 堆肥の使用量は、どのように変わってきていますか。

減ってきている。

③ [　] にあてはまる言葉を下の [　] から選びましょう。

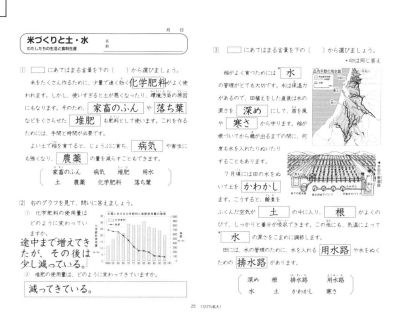

稲がよく育つためには **水** の管理がとても大切です。水は保温力があるので、田植えをした直後は水の深さを **深め** にして、苗を風や **寒さ** から守ります。稲が根づいてから穂が出るまでの間に、何度も水を入れたりぬいたりすることもあります。

7月頃には田の水をぬいて土を **かわかし** ます。こうすると、酸素をふくんだ空気が **土** の中に入り、**根** がよくのびて、しっかりと養分が吸収できます。この他にも、気温によって **水** の深さをこまめに調節します。

田には、水の管理のために、水を入れる **用水路** や水をぬくための **排水路** があります。

[深め　根　排水路　用水路　水　土　かわかし　寒さ]

P.26

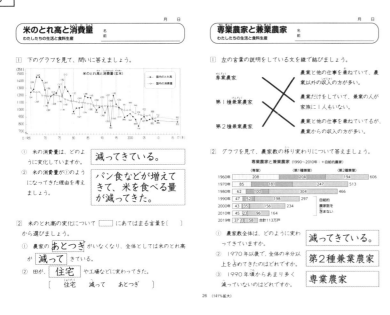

米のとれ高と消費量
わたしたちの生活と食料生産

① 下のグラフを見て，問いに答えましょう。

「米のとれ高と消費量（玄米）」

① 米の消費量は，どのように変化していますか。
　減ってきている。

② 米の消費量が①のようになってきた理由を考えましょう。
　パン食などが増えてきて，米を食べる量が減ってきた。

② 米のとれ高の変化について □ にあてはまる言葉を〔 〕から選びましょう。
① 農家の **あとつぎ** がいなくなり，全体としては米のとれ高が **減って** きている。
② 田が，**住宅** や工場などに変わってきた。
〔 住宅　減って　あとつぎ 〕

専業農家と兼業農家
わたしたちの生活と食料生産

① 左の言葉の説明をしている文を線で結びましょう。

専業農家 ─ 農業と他の仕事を兼ねていて，農業以外の収入の方が多い。

第1種兼業農家 ─ 農業だけをしていて，兼業の人が家族に1人もいない。

第2種兼業農家 ─ 農業と他の仕事を兼ねているが，農業からの収入の方が多い。

② グラフを見て，農家数の移り変わりについて答えましょう。

「専業農家と兼業農家（1990〜2010年：＋自給的農家）」

① 農家数全体は，どのように変わってきていますか。
　減ってきている。

② 1970年以後で，全体の半分以上を占めているのはどれですか。
　第2種兼業農家

③ 1990年頃からあまり多く減っていないのはどれですか。
　専業農家

P.27

進む機械化
わたしたちの生活と食料生産

① 右の2つのグラフを見て，問いに答えましょう。

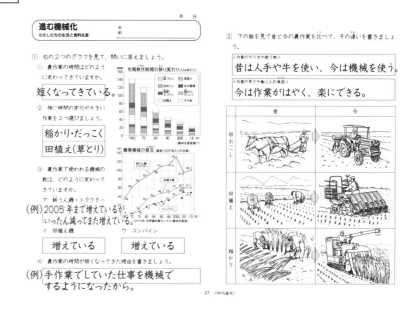

① 農作業の時間はどのように変わってきていますか。
　短くなってきている。

② 特に時間の変化が大きい作業を2つ選びましょう。
　稲かり・だっこく　田植え（草とり）

③ 農作業で使われる機械の数は，どのように変わってきていますか。
ア　耕うん機・トラクター
イ　田植え機
ウ　コンバイン
　（例）2005年まで増えているが，いったん減ってまた増えている。
　ア **増えている**　　ウ **増えている**

② 下の絵を見て昔と今の農作業を比べて，その違いを書きましょう。

〈作業のやり方や使う物〉
昔は人手や牛を使い，今は機械を使う。

〈作業の早さや働く人の負担〉
今は作業がはやく，楽にできる。

④ 農作業の時間が短くなってきた理由を書きましょう。
　（例）手作業でしていた仕事を機械でするようになったから。

	昔	今
田おこし		
田植え		
稲かり		

P.28

〈学びをひろげる〉
肥料と農薬
わたしたちの生活と食料生産

① 右のグラフを見て答えましょう。
① 日本は世界の国々と比べて，肥料を使う量が多い方ですか，少ない方ですか。
　多い方である。

「世界の国々の肥料消費量」

② なぜ，①のようになるのだと思いますか。
　（○）せまい土地でたくさん収穫しようとするから。
　（　）日本は特に害虫が他の国より多いから。
　（　）肥料がたくさんあまっているから。

「日本の化学肥料の消費量の移り変わり」

③ 化学肥料の消費量はどのように変わってきていますか。
　減ってきている。

② 化学肥料のよい点と，使いすぎた場合の問題点を考えて □ にあてはまる言葉を〔 〕から選んで書きましょう。
（よい点）ききめが **速** く，買えば **手軽** に使える。
（問題点）使いすぎると **土** が悪くなる。
自然 **環境** にも悪い影響をあたえる。
〔 土　速　空気　手軽　遅　環境 〕

③ ⑦の絵で，模型のヘリコプターで何をしているのか下から1つ選び，（○）をつけましょう。
　（　）肥料をまいている。
　（○）農薬をまいている。
　（　）稲の育ちを調べている。

④ ④の絵は「あいがも農法」とよばれています。
あいがもに何をさせているのでしょうか。
　たんぼの雑草や害虫を食べさせたりしている。

② これの良い点はどんなことですか。
　農薬を使わなくても良い。糞は，肥料になる。

⑤ □ にあてはまる言葉を〔 〕から選んで入れましょう。
化学肥料を使わずに **堆肥** などを肥料にする栽培方法を **有機栽培** といいます。また，農薬をできるかぎり使わないようにしたり，あいがもや害虫の天敵になる **昆虫** などを利用する **無農薬栽培** も行われています。農薬は，害虫を退治するのに効果がありますが，使いすぎると，環境や人体にも **悪い** 影響をあたえます。
〔 無農薬栽培　昆虫　無機栽培　有機栽培　良い　悪い　堆肥 〕

P.29

おいしい米を全国へ
わたしたちの生活と食料生産

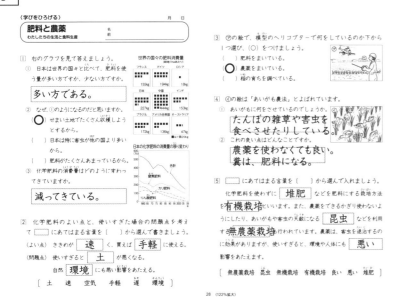

「お米の流れ」

● お米の流れについて，□ にあてはまる言葉を〔 〕から選んで，記号を書きましょう。

農家で収穫された米は **エ** を受けてから倉庫で保管されます。かりとったもみを **カ** させ，そのまま保管しておく **イ** の利用もふえています。
出荷は **ア** やJR貨物などを利用して全国の消費地に運ばれます。**オ** を通じて販売されるほかに，**ウ** や生協などでも売られたり，インターネットなどで **キ** が直接販売することもあります。
㋐トラック　㋑カントリーエレベーター　㋒スーパー
㋓検査　㋔農協　㋕かんそう　㋖農家

〈学びをひろげる〉
環境にやさしい水田
わたしたちの生活と食料生産

① 水田は，環境にもやさしい働きをしています。どんな働きがあるか，水田のようすを思い浮かべながら □ に入る言葉を〔 〕から選びましょう。（下の絵も参考にして）
（水）雨水などを **たくわえ** ，**洪水** をふせぐ
（生物）いろいろな生き物の **すみか** になる
（空気）**酸素** を出して，空気を **きれい** にする
（気温）気温の **変化** をやわらげ，調節する
〔 すみか　変化　きれい　洪水　たくわえ　酸素 〕

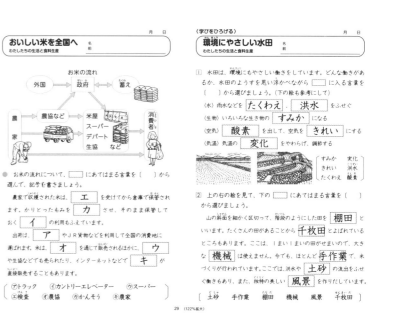

② 上の右の絵を見て，下の □ にあてはまる言葉を〔 〕から選びましょう。
山の斜面を細かく区切って，階段のようにした田を **棚田** といいます。たくさんの田があることから **千枚田** とよばれているところもあります。ここは，1まい1まいの田がせまいので，大きな **機械** は使えません。今でも，ほとんど **手作業** で，米づくりが行われています。ここは，洪水や **土砂** の流出をふせぐ働きもあり，また，独特の美しい **風景** を作りだしています。
〔 土砂　手作業　棚田　機械　風景　千枚田 〕

P.30

食たくの水産物
わたしたちの生活と食料生産　名前

① 一週間にどんな水産物を食べましたか。食べた水産物に○をつけましょう。

あじ　いか　いわし　うなぎ　うに　えび　かに　かつお
かじき　かれい　さけ　さば　さんま　すずき　たこ　たい
つばす　とびうお　にしん　のり　はまち　ひらめ　ぶり　ます
まぐろ　むつ　さわら　あさり　しじみ　かき　さざえ　はまぐり

その他

③ ①と②を答えてみて、気がついたことを書きましょう。

略

② 絵を見て知っている水産物や加工品の名前を書きましょう。

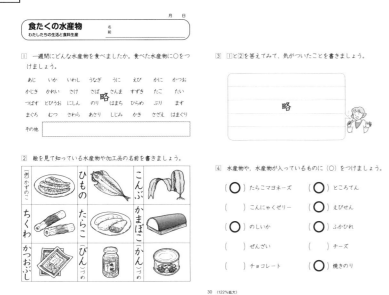

（例）かずのこ　ひもの　こんぶ
ちくわ　たらこ　かまぼこ
かつおぶし　びんづめ　かんづめ

④ 水産物や、水産物が入っているものに（○）をつけましょう。

（○）たらこマヨネーズ　　（○）ところてん
（　）こんにゃくゼリー　　（○）えびせん
（○）のしいか　　　　　　（○）ふかひれ
（　）ぜんざい　　　　　　（　）チーズ
（　）チョコレート　　　　（○）焼きのり

30　(122%拡大)

P.31

水産物の消費と輸入
わたしたちの生活と食料生産　名前

① 魚介類の消費について、下の地図を見て、□□□にあてはまる数字や言葉を書きましょう。

１人１日あたりの消費量が多い国は アイスランド ・ 韓国 です。日本は 136 ｇで世界第 5 位です。世界平均は 52 ｇなので、日本は世界でも 魚介類 をよく食べる国のひとつだといえます。

おもな国の魚介類の１人１日あたりの消費量 2013年（単位ｇ）　●200g以上　●100g以上　○100g未満

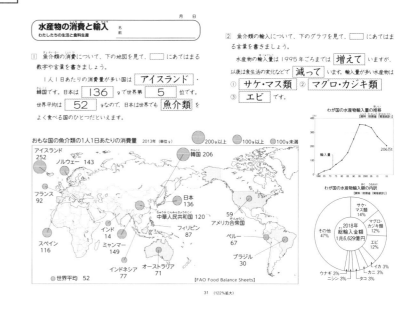

アイスランド 252　ノルウェー 143　韓国 206
フランス 92　日本 136
スペイン 116　中華人民共和国 120　アメリカ合衆国 59
インド 14　フィリピン 87
ミャンマー 149　ペルー 67
インドネシア 77　オーストラリア 71　ブラジル 30
◎世界平均 52
[FAO Food Balance Sheets]

② 魚介類の輸入について、下のグラフを見て、□□□にあてはまる言葉を書きましょう。

水産物の輸入は 1995年ごろまでは 増えて いますが、以後は食生活の変化などで 減って います。輸入量が多い水産物は
① サケ・マス類　② マグロ・カジキ類
③ エビ です。

わが国の水産物輸入量の推移
[資料 財務省「貿易統計」]
輸入量　206万t

わが国の水産物輸入額の内訳
[資料 財務省「貿易統計」]
2018年 総輸入金額 1兆6,629億円
サケ・マス類 14%　マグロ・カジキ類 12%　エビ 12%　その他 47%　イカ 3%　カニ 3%　タコ 3%　ニシン 3%　ウナギ 3%

31　(122%拡大)

P.32

水産業のさかんな地域
わたしたちの生活と食料生産　名前

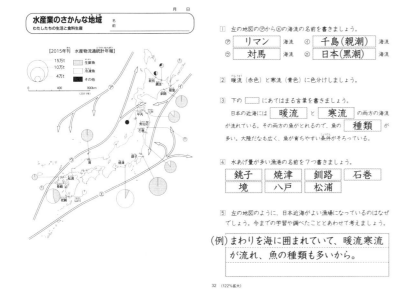

[2015年刊　水産物流通統計年報]
15万t　10万t　4万t　●生鮮魚　●流通魚　■その他
0　400　800km（2011年）

① 左の地図の⑦から㋓の海流の名前を書きましょう。

⑦ リマン 海流　　㋒ 千島（親潮）海流
㋐ 対馬 海流　　㋓ 日本（黒潮）海流

② 暖流（赤色）と寒流（青色）に色分けしましょう。

③ 下の□□□にあてはまる言葉を書きましょう。

日本の近海には 暖流 と 寒流 の両方の海流が流れている。その両方の魚がとれるので、魚の 種類 が多い。大陸だなも広く、魚が育ちやすい条件がそろっている。

④ 水あげ量が多い漁港の名前を7つ書きましょう。

銚子　焼津　釧路　石巻
境　八戸　松浦

⑤ 左の地図のように、日本近海がよい漁場になっているのはなぜでしょう。今までの学習や調べたこと_とあわせて考えましょう。

（例）まわりを海に囲まれていて、暖流寒流が流れ、魚の種類も多いから。

32　(122%拡大)

P.33

魚を集めてとるまきあみ漁
わたしたちの生活と食料生産　名前

① 右の絵について答えましょう。

① このような魚のとり方を何といいますか。

まきあみ 漁

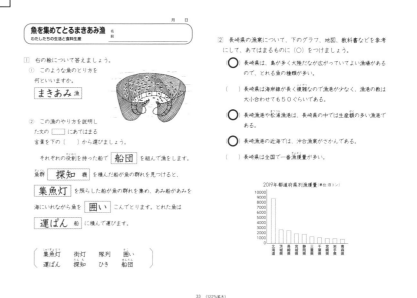

② この漁のやり方を説明した文の□□□にあてはまる言葉を下の〔　〕から選びましょう。

それぞれの役割を持った船で 船団 を組んで漁をします。

魚群 探知 機を積んだ船が魚の群れを見つけると、集魚灯 を照らした船が魚の群れを集め、あみ船があみを海にいれながら魚を 囲い こんでとります。とれた魚は 運ぱん 船に積んで運びます。

〔集魚灯　街灯　隊列　囲い
運ぱん　探知　ひき　船団〕

② 長崎県の漁業について、下のグラフ、地図、教科書などを参考にして、あてはまるものに（○）をつけましょう。

（○）長崎県は、島が多く大陸だなが広がっていてよい漁場があるので、とれる魚の種類が多い。
（　）長崎県は海岸線が長く複雑なので漁場が少なく、漁港の数は大小合わせても50ぐらいである。
（○）長崎漁港や松浦漁港は、長崎県の中では生産額の多い漁港である。
（○）長崎漁港の近海では、沖合漁業がさかんである。
（　）長崎県は全国で一番漁獲量が多い。

2019年都道府県別漁獲量〔単位:百トン〕

33　(122%拡大)

P.34

遠洋漁業・沖合漁業・沿岸漁業
わたしたちの生活と食料生産
名前

① 遠洋漁業・沖合漁業・沿岸漁業のおもな漁場（点線の中）に色をぬりましょう。

（遠洋漁業）

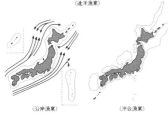
（沿岸漁業）　（沖合漁業）

② 遠洋漁業・沖合漁業・沿岸漁業のおもな漁法を下から選んで線で結びましょう。

おもな漁法（巻き網）　おもな漁法（定置網）　おもな漁法（まぐろはえ縄）

遠洋漁業　沖合漁業　沿岸漁業

③ 下の文はどの漁業について説明していますか。遠洋漁業には（遠），沖合漁業には（沖），沿岸漁業には（沿）と書き入れましょう。

（沿）１０トン未満の小型漁船を使い，おもに家族で日帰りの漁をしている。

（遠）南太平洋やアフリカ沖などの外国の２００海里水域や公海で大型漁船を使い，数ヶ月～１年ぐらいかけて漁をする。

（沖）１０トン以上の中型漁船を使い，沿岸から少し離れた海域で数日～１週間ぐらいかけて漁をする。

34　(122％拡大)

P.35

育てる漁業　養殖・栽培漁業
わたしたちの生活と食料生産
名前

① 育てる漁業の説明について，□にあてはまる言葉を〔　〕から選びましょう。〔 稚魚 減らす 増やす 数% 50% 〕

魚は，一回に数万個の卵を産み，生き残れるのは 数% です。卵から 稚魚 になるまでの時期を人間が守り育てると，生き残る数を大きく 増やす ことができます。

② 養殖漁業と栽培漁業のちがいを調べ，下の〔　〕から選んで□に番号を入れましょう。

	養殖漁業	栽培漁業
漁業の説明	卵をとってきて，①の中で育てて一人前の魚にする。	小魚に育ててから④に放し，大きくなったらとってくる。
水産物の種類	②	③

〔 ①いけす　②かき，のり，はまち　③さけ，ひらめ　④海や川 〕

③ 養殖がさかんなところを地図帳でさがしましょう。

① のり……九州の西側にある海　（ 有明 海）
② かき……瀬戸内海にある湾　（ 広島 湾）
③ うなぎ……中部地方の大きな湖　（ 浜名 湖）
④ ホタテ貝……本州の北にある湾　（ 陸奥 湾）

④ グラフを見て，下の□にあてはまる言葉や数字を入れましょう。

養殖魚で収穫量が一番多いのは，全体の約 30 %を占めるのりです。2位が かき ，3位が ほたて貝 です。魚類では1位が ぶり ，2位がたいです。

養殖魚種別収穫量（2018年）
農林水産省統計
ぎんざけ1.8%
くろまぐろ1.8%
もずく2.2%
こんぶ3.3%
わかめ5.1%
その他 2.9%
まだい6.0%
のり28.2%
かき17.6%
ほたて貝17.3%
ぶり13.8%
総収穫量1,004,871t

⑤ 養殖漁業の課題について□にあてはまる言葉を〔　〕から選びましょう。

いけすの中で魚や貝を育ててからとるので，計画的に生産でき，収入 が安定します。しかし，食べ残した えさ や病気をふせぐ 薬 で，海 がよごれるなどの問題もあります。養殖漁業・栽培漁業は 赤潮 の被害にあうこともあります。

〔 えさ　養殖漁業　赤潮　海　収入　薬 〕

35　(122％拡大)

P.36

新鮮なうちに消費地へ
わたしたちの生活と食料生産
名前

① 水あげされた魚は，どんな順番で消費者までとどくでしょうか。絵を見て順番を考えて，番号をつけましょう。また絵の説明を，下の〔　〕から選んで入れましょう。

⑥ 魚屋さんの店先に魚をならべる
出荷の準備をする

② 漁港で仲買人がせりをする
⑤ 魚屋さんがせりをする

④ 保冷庫に積み込み魚市場へ運ぶ
① 魚の水あげをする

魚屋さんの店先に魚をならべる　魚屋さんがせりをする
保冷車に積みこみ魚市場へ運ぶ　魚の水あげをする

② 店にとどくまでの順を（　）の中に番号をつけましょう。

（ １ ）船上凍結（冷風凍結）漁船の冷凍庫で急速に凍らせる。
（ ４ ）小売店やスーパーの冷凍・冷蔵庫に入れられ，販売される。

（ ２ ）漁港の冷凍・冷蔵庫で－４０℃以下で保存する。
（ ３ ）冷凍車や冷凍貨車で－４０℃の状態で輸送する。

③ （　）の中の正しい方に○をつけましょう。

① トラックの荷台に（海水・真水）を入れた槽を積み，魚を（生きる・仮死）状態で運ぶ方法。振動をやわらげる装置や水槽に酸素を送りこむボンベなどがついています。

冷凍以外の輸送方法

② すばやく輸送する工夫として，産地の空港から（飛行機）船）に乗せて，消費地の空港へ魚を出荷することも行われています。

フライト漁業

36　(122％拡大)

P.37

変わる水産業
わたしたちの生活と食料生産
名前

① 「漁業別漁獲量の移り変わり」のグラフを見て，問題に答えましょう。

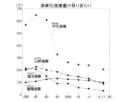
漁業別漁獲量の移り変わり

① 漁獲量が大きく減っているのはどれでしょう。
沖合漁業 と 遠洋漁業

② 遠洋漁業について□にあてはまる言葉を〔　〕から選びましょう。

世界の国々が，沿岸から 200 海里の海で 外国 の漁船がとる魚の量をきびしく 制限 するようになり，日本 の漁獲量は大きく減りました。
〔 制限　外国　日本　20　200 〕

③ 沖合漁業の漁獲量が激減した原因として，ある魚の数が急に減ったことがあげられます。その魚を下から１つ選んで○をつけましょう。
（　）たい　（　）マグロ　（○）いわし

④ 他に沖合漁業の漁獲量が減ったわけ2つに（○）をつけましょう。
（○）働く人の数が減ってきたから
（　）魚をとりにいかず，養殖に変えたから
（　）漁場となる海の汚れがひどくなったから
（○）魚をとりすぎて減ってきたから

⑤ 少しですが，増えている漁業はどれでしょう。
養殖漁業

② 下の漁業で働く人と年令の変化のグラフを見てわかったことを書きましょう。

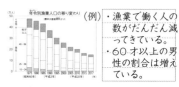
年令別漁業人口の移り変わり

（例）・漁業で働く人の数がだんだん減ってきている。
・60才以上の男性の割合は増えている。

37　(122％拡大)

112

P.38

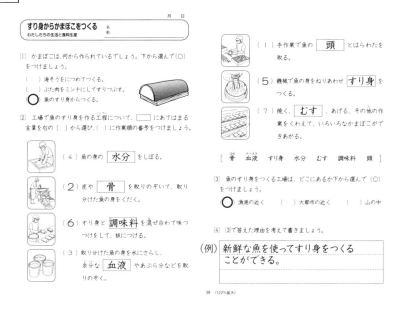

すり身からかまぼこをつくる
わたしたちの生活と食料生産　名前

① かまぼこは、何から作られているでしょう。下から選んで（○）をつけましょう。

（　）海そうをにつめてつくる。
（　）ぶた肉をミンチにしてすりつぶす。
（○）魚のすり身からつくる。

② 工場で魚のすり身を作る工程について、□にあてはまる言葉を右の〔　〕から選び、（　）に作業順の番号をつけましょう。

（4）魚の身の **水分** をしぼる。
（2）皮や **骨** を取りのぞいて、取り分けた魚の身をくだく。
（6）すり身と **調味料** を混ぜ合わせて味つけをして、板につける。
（3）取り分けた魚の身を水にさらし、余分な **血液** やあぶら分などを取りのぞく。

（1）手作業で魚の **頭** とはらわたを取る。
（5）機械で魚の身をねりあわせ **すり身** をつくる。
（7）焼く、**むす** 、あげる、その他の作業をくわえて、いろいろなかまぼこができあがる。

〔 骨　血液　すり身　水分　むす　調味料　頭 〕

③ 魚のすり身をつくる工場は、どこにあるか下から選んで（○）をつけましょう。

（○）漁港の近く　（　）大都市の近く　（　）山の中

④ ③で答えた理由を考えて書きましょう。

（例）新鮮な魚を使ってすり身をつくることができる。

P.39

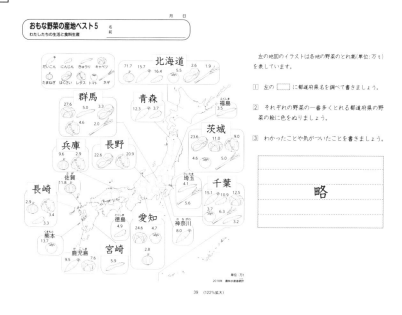

おもな野菜の産地ベスト5
わたしたちの生活と食料生産　名前

左の地図のイラストは各地の野菜のとれ高（単位：万t）を表しています。

① 左の□に都道府県名を調べて書きましょう。

② それぞれの野菜の一番多くとれる都道府県の野菜の絵に色をぬりましょう。

③ わかったことや気がついたことを書きましょう。

略

P.40

野菜と果物づくりのさかんな地域
わたしたちの生活と食料生産　名前

① 野菜の生産額の分布図を見て答えましょう。
① 野菜の生産額が多いのは、どの地方でしょう。

関東地方

② 生産額が1000億円以上の都道府県を書きましょう。

| 北海道 | 茨城県 | 千葉県 |
| 愛知県 | 熊本県 | |

② りんごとみかんの生産量の分布図を見て答えましょう。
① りんごの生産量が一番多いのは何県ですか。

青森県

② みかんの生産量が一番多いのは何県ですか。

和歌山県

③ みかんとりんごの栽培の関係で気がついたことを書きましょう。

（例）りんごは寒い地方で栽培され、みかんは暖かい地方で栽培されている。

P.41

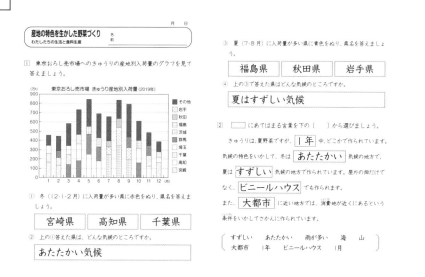

産地の特色を生かした野菜づくり
わたしたちの生活と食料生産　名前

① 東京おろし売市場へのきゅうりの産地別入荷量のグラフを見て答えましょう。

① 冬（12・1・2月）に入荷量が多い県に赤色をぬり、県名を答えましょう。

| 宮崎県 | 高知県 | 千葉県 |

② 上の①で答えた県は、どんな気候のところですか。

あたたかい気候

③ 夏（7・8月）に入荷量が多い県に青色をぬり、県名を答えましょう。

| 福島県 | 秋田県 | 岩手県 |

④ 上の③で答えた県はどんな気候のところですか。

夏はすずしい気候

② □にあてはまる言葉を下の〔　〕から選びましょう。

きゅうりは、夏野菜ですが、**1年** 中、どこかで作られています。気候の特色をいかして、冬は **あたたかい** 気候の地方で、夏は **すずしい** 気候の地方で作られています。屋外の畑だけでなく、**ビニールハウス** でも作られます。また、**大都市** に近い地方では、消費地が近くにあるという条件をいかしてさかんに作られています。

〔 すずしい　あたたかい　雨が多い　海　山
　大都市　1年　ビニールハウス　1月 〕

P.42

〈学びをひろげる〉　月　日

土のない野菜づくり
わたしたちの生活と食料生産　名前

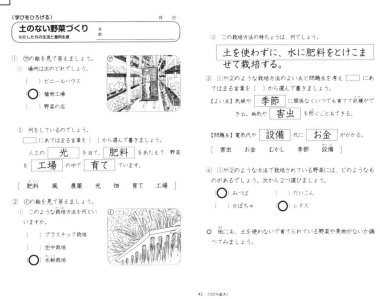

① ⑦の絵を見て答えましょう。
① 場所は次のどれでしょう。
（　）ビニールハウス
（○）植物工場
（　）野菜の店

② 何をしているのでしょう。
□□にあてはまる言葉を〔　〕から選んで書きましょう。
人工の 光 を当て， 肥料 をあたえて，野菜を 工場 の中で 育て ています。

〔 肥料　風　農薬　光　畑　育て　工場 〕

② ④の絵を見て答えましょう。
① このような栽培方法を何といいますか。
（　）プラスチック栽培
（　）空中栽培
（○）水耕栽培

② この栽培方法の特ちょうは，何でしょう。
土を使わずに，水に肥料をとけこませて栽培する。

③ ①や②のような栽培方法のよい点と問題点を考え□にあてはまる言葉を〔　〕から選んで書きましょう。
【よい点】気候や 季節 に関係なくいつでも育てて収穫できる。病気や 害虫 を防ぐこともできる。

【問題点】電気代や 設備 代に お金 がかかる。

〔 害虫　お金　むかし　季節　設備 〕

④ ①や②のような方法で栽培されている野菜には，どのようなものがあるでしょう。次から2つ選びましょう。
（○）みつば　（　）だいこん
（　）かぼちゃ　（○）レタス

◎ 他にも，土を使わないで育てられている野菜や果物がないか調べてみましょう。

P.43

月　日

食料の生産と輸入(1)
わたしたちの生活と食料生産　名前

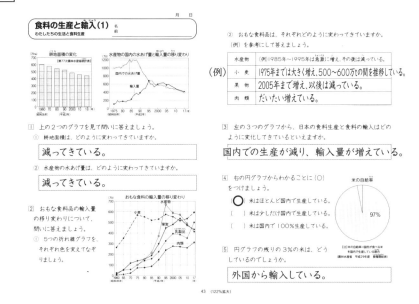

① 上の2つのグラフを見て問いに答えましょう。
① 耕地面積は，どのように変わってきていますか。
減ってきている。

② 水産物の水あげ量は，どのように変わってきていますか。
減ってきている。

② おもな食料の輸入量の移り変わりについて，問いに答えましょう。
① 5つの折れ線グラフを，それぞれ色を変えてなぞりましょう。

② おもな食料は，それぞれどのように変わってきていますか。
（例）を参考にして答えましょう。

水産物	（例）1985年〜1995年に急激に増え，その後は減っている。
小麦	1975年までは大きく増え，500〜600万tの間を推移している。
果物	2005年まで増え，以後は減っている。
肉類	だいたい増えている。

③ 左の3つのグラフから，日本の食料生産と食料の輸入はどのように変化してきているといえますか。
国内での生産が減り、輸入量が増えている。

④ 右の円グラフからわかることに（○）をつけましょう。
（○）米はほとんど国内で生産している。
（　）米は少しだけ国内で生産している。
（　）米は国内で100%生産している。

⑤ 円グラフの残りの3%の米は，どうしているのでしょう。
外国から輸入している。

P.44

月　日

食料の生産と輸入(2)
わたしたちの生活と食料生産　名前

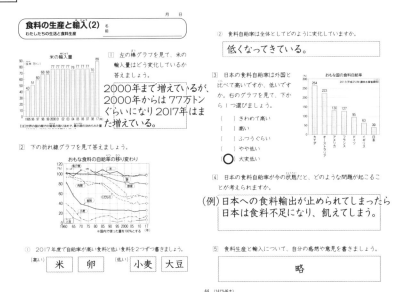

① 左の棒グラフを見て，米の輸入量はどう変化しているか答えましょう。
2000年まで増えているが、2000年からは77万トンぐらいになり2017年はまた増えている。

② 下の折れ線グラフを見て答えましょう。
① 2017年度で自給率が高い食料と低い食料を2つずつ書きましょう。
（高い） 米　卵
（低い） 小麦　大豆

② 食料自給率は全体としてどのように変化していますか。
低くなってきている。

③ 日本の食料自給率は外国と比べて高いですか，低いですか，右のグラフを見て，下から1つ選びましょう。
（　）きわめて高い
（　）高い
（　）ふつうぐらい
（　）やや低い
（○）大変低い

④ 日本の食料自給率が今の状態だと，どのような問題が起こることが考えられますか。
（例）日本への食料輸出が止められてしまったら日本は食料不足になり、飢えてしまう。

⑤ 食料生産と輸入について，自分の感想や意見を書きましょう。
略

P.45

月　日

畜産のさかんなところ
わたしたちの生活と食料生産　名前

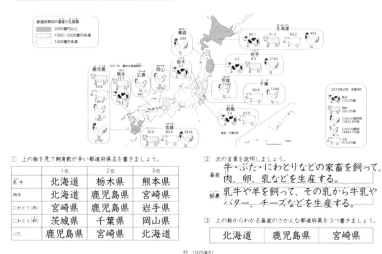

① 上の絵を見て飼育数が多い都道府県名を書きましょう。

	1位	2位	3位
乳牛	北海道	栃木県	熊本県
肉牛	北海道	鹿児島県	宮崎県
にわとり(肉)	宮崎県	鹿児島県	岩手県
にわとり(卵)	茨城県	千葉県	岡山県
ぶた	鹿児島県	宮崎県	北海道

② 次の言葉を説明しましょう。
畜産　牛・ぶた・にわとりなどの家畜を飼って、肉、卵、乳などを生産する。
酪農　乳牛や羊を飼って、その乳から牛乳やバター、チーズなどを生産する。

③ 上の絵からわかる畜産のさかんな都道府県を3つ書きましょう。

北海道	鹿児島県	宮崎県

P.46

（学びをひろげる）　月　日

これからの食料生産を考える
わたしたちの生活と食料生産　名　前

① 農業人口のグラフを見て、わかったことを書きましょう。

① 働く人の数の変化

> 減ってきている。

② 働く人の年令の割合の変化

> （例）60才以上は減っていない。若い人が少ない。

② 漁業人口のグラフを、農業人口のグラフとくらべて、わかったことを書きましょう。

① 働く人の数や年令の変化

> （例）農業と同じで、働く人の数が減り、若い人が少ない。60才以上は減っていない。

② 農業・漁業人口がこのように変化してきた理由は何ですか。

> （例）仕事がきつい。収入が少なくて生活していけない。

③ 下の文は、循環型農業について説明したものです。□にあてはまる言葉を〔 〕から選びましょう。

農業をするときに出てくる もみ 、わら、野菜の捨てる部分などの不要なもの、家畜の ふん尿 などを捨てないで、 堆肥 づくりなどに使い、もう一度農業に生かしていこうとするものです。

家庭 や食品工業で出る 生ごみ なども利用されます。こうすることで、環境が悪くなることをふせぐことにもなります。このような 循環 型の農業は、各地でさまざまなかたちで取り組まれています。

〔 生ごみ　循環　もみ　ふん尿　堆肥　家庭 〕

④ 右の循環型農業の関係を表した図の□にあてはまる言葉を〔 〕から選びましょう。

田畑
堆肥　家畜
家庭　食品工業

〔 家庭　家畜　堆肥 〕

P.47

生産者と消費者をつなぐ
わたしたちの生活と食料生産　名　前　月　日

① 地産地消のよい点は何か、考えて書きましょう。

① だれが作ったものかわかり、 安心 して食べられる。

② 近くで作られるので 新せん でおいしい。

③ 遠くまで運ぶ費用が少なくてすみ、 安く 買える。

② 産直で商品を手に入れるには、どんな方法があるでしょうか。

> （例）チラシやパンフレットで調べて、電話やファックスで注文する。

> インターネットを使って注文する。

［地産地消
地域で生産された食べ物は、その地域で消費しよう（食べよう）ということ。］

［産地直送（産直）
消費者が生産者から直接、米・野菜・魚などを手に入れること。］

③ 産直で買うと、消費者にとってどんないい点があるか考えましょう。

> （例）自分の希望や予定にあわせて生産してもらえる。

② 安心できる食材や品質のよい食材が買える。

④ 産直で販売すると、生産者にとってどんないい点があるか考えましょう。

> （例）生産したものを確実に買ってくれる人ができる。

② 消費者の要望に合わせて生産できる。

食の安全・安心への取り組み
わたしたちの生活と食料生産　名　前　月　日

① 安全な食品を安心して買うために、どのようなことに気をつけているか家の人に聞いてみましょう。

> （例）消費期限や添加物などを確かめて買っている。できるだけ国産品を買うようにしている。

② トレーサビリティというしくみについて、下の説明の□にあてはまる言葉を〔 〕から選びましょう。

食品の 生産 、加工、 流通 、販売などの情報が記録され、追跡できるしくみです。野菜ならどこの 畑 で作られ、どんな肥料をあたえ、どんな 農薬 を使ったのか、お店までどのようにして 運ばれ たのかなどが分かります。そのため、消費者は安心して買うことができます。

〔 流通　畑　運ばれ　生産　農薬 〕

③ 輸入食品の安全を守るために、どのような検査がされているでしょう。2つ選んで（○）をつけましょう。

（○）日本人の好みのあった食品かどうか。
（○）日本で使える農薬や添加物や原材料が使われているか。
（　）危険な病気にかかったり、細菌に汚染されていないか。
（　）高い値段をつけすぎていないか。

P.48

工業ってなあに？
わたしたちの生活と工業生産　名　前　月　日

① 農業で生産された小麦が、パンになるまでをたどってみましょう。□の中にあてはまる言葉を書きましょう。

農家	工場	小売店	家庭
小麦の栽培	小麦粉にする。（製粉）	パンをつくる。小麦製品にする。（製造）	パンを売る。	パンを買う。
農業	工業	商業	消費者

② わたしたちの身のまわりにある工業製品を探してみましょう。

食事をするとき	（例）スプーン
学習するとき	鉛筆
あそぶとき	ゲーム機
スポーツするとき	ボール
出かけるとき	バス

（略）

③ 工業製品は、使い道によって種類別に分けられます。

パン　レール　カメラ　カーテン　自動車　Tシャツ　ハム・ソーセージ　革製品　ガソリン　医薬品　紙・パルプ　金属のなべ　テレビ　インスタント食品　時計　糸　金属の食器　家具　洗剤

● 上の工業製品を表に分けて書きましょう。〔 〕の中にもあてはまる言葉を書きましょう。

軽工業
食料品工業〈パン〉インスタント食品　糸　ハム・ソーセージ　家具　Tシャツ　革製品　カーテン　紙・パルプ

重化学工業
ガソリン　金属の食器　医薬品　時計　金属のなべ　洗剤　カメラ　レール　テレビ　銅線　自動車

〈軽工業〉
食料品や衣類、日常生活に使う道具などを生産する工業のこと。

〈重化学工業〉
鉄など金属の製品や電気製品、自動車などの機械類を生産する重工業と、原油を精製したり、精製品を原料にしていろいろな製品を生産する化学工業をまとめていう。

P.49

くらしを変えた工業製品
わたしたちの生活と工業生産　名　前　月　日

① 下の絵で昔と今の仕事の仕方を比べ、どんなところが便利になったかを書きましょう。

> （例）同じ味に炊き上がる。ずっと見ていなくても良い。何時でも炊ける。操作が簡単。いろんなご飯ができる。

> 力が要らない。一度に大量に洗える。何時でもできる。操作が簡単。冬でも寒くない。

② 右のグラフを見て考えましょう。

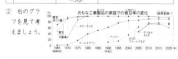

① 2010年でどこの家庭にもある電気製品を3つ書きましょう。

電気冷蔵庫　電気せんたく機　カラーテレビ

② この電気製品がどの家庭でも買いそろえられたのは、何年ごろからですか。

1980 年

③ それまでのくらし方と比べてどんなところが変わったと思いますか。便利になったことに（A）、困ることに（B）と書きましょう。

（A）家事の時間が短く、楽になった。
（B）新しい製品を買うため、お金がかかる。

③ 工業が発展し、下の絵のものが作られて、社会のようすや人々の仕事が、どう変わってきたのか〔 〕からあてはまる言葉を選びましょう。

ビニールハウス
栽培の 時期 が調整でき、1年中 いつでも 栽培できる。

冷蔵庫
魚を新せんなまで 保存 して運ぶことができる。

新幹線
遠く まで 短い 時間で行けるようになった。

〔 新せん　短い　時期　遠く　いつでも　保存 〕

④ 下の絵は、山の中に捨てられている電気製品です。

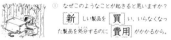

① なぜこのようなことが起きると思いますか？

> 新 しい製品を 買 い、いらなくなった製品を処分するのに 費用 がかかるから。

② これを見てあなたはどう思いますか。

（略）

P.50

日本の工業の移り変わり
わたしたちの生活と工業生産

① 棒グラフの高度経済成長期に赤，その他に青をぬりましょう。
□ にあてはまる数字や言葉を〔 〕から選びましょう。

製造品の出荷額の移り変わり（経済省調べ）

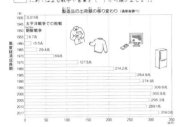

日本の工業は 太平洋 戦争でほぼ全めつ状態になりました。
1950年に起こった 朝鮮 戦争をきっかけに立ち直り，
その後 高度経済成長 期をへてめざましく発展しました。工
業生産は1960～ 1980 年の間，5年ごとに約 2 倍
ずつ増え，各家庭に 電化製品 が普及していきました。

〔 朝鮮　自動車　電化製品　高度経済成長
　太平洋　アジア　2　5　1980　2000 〕

② グラフを色でぬり分け，下の文の □ にあてはまる言葉や
数字を書きましょう。

【 機械：緑色　　金属：青色　　化学：水色
　食料品：オレンジ色　　せんい：黄色　　その他：ピンク色 】

工業生産の移り変わり

① 一番増えたのは 機械 工業です。2016年には 46 ％
をしめるようになり， 1935 年の約3.5倍になりました。
② 大きく減ったのは せんい 工業です。1935年は全体
の 32 ％だったのが，2016年には 1 ％にな
り，およそ30分の1に減りました。
③ 1935年の重化学工業は全体の 48 ％，軽工業は
52 ％です。2016年には重化学工業が 72 ％，
軽工業は 28 ％となり， 重化学 工業が発展してき
ました。

P.51

工業のさかんな地域1 －工業地帯と工業地域－
わたしたちの生活と工業生産

① 地図帳を見て，地図の □ に
工業の盛んな地域を書きましょう。

北陸 工業地域
北九州 工業地帯
瀬戸内 工業地域
関東内陸 工業地域
京葉 工業地域
京浜 工業地帯
東海 工業地域
中京 工業地帯
阪神 工業地帯

② 地図を見て， □ にあてはまる言葉を〔 〕から選びましょう。
① （ア）～（エ）は，昔から工業が盛んで 四大工業地帯 と
呼ばれていました。生産額が減った 北九州工業地域 を除
いて，今では 三大工業地帯 と呼ばれています。
② （ア）～（エ）をつないでいる2本の点線を赤鉛筆でなぞりましょう。
この中に 太平洋 と 瀬戸内海 の2つの海沿いにある
工業の盛んな地域が入っています。この地域は 太平洋ベルト
と呼ばれています。
他に 日本海 の海沿いにも工業地域があります。

〔 太平洋ベルト　四大工業地帯　日本海　太平洋
　三大工業地帯　北九州工業地帯　瀬戸内海 〕

③ 海沿いに工業が盛んになっていった理
由を右の絵から考え，（○）をしましょう。
（　）海岸線がまっすぐな土地を選んで工
場を建てた。
（○）海をうめ立ててつくった土地に工場
を建てた。

④ 右の絵は，何をしているところで
しょう。
貨物船に荷物を積み込ん
だり，降ろしたりしている。

P.52

工業のさかんな地域2 －出荷額・工業の発展と交通－
わたしたちの生活と工業生産

① グラフを見て，問いに答えましょう。

2017年　工業地帯・工業地域別出荷額と構成

北九州工業地域　9.8兆円
京葉工業地域　12.2兆円
北陸工業地域　14.4兆円
東海工業地域　16.9兆円
京浜工業地帯　26.0兆円
瀬戸内工業地域　30.7兆円
関東内陸工業地域　32.1兆円
阪神工業地帯　33.1兆円
中京工業地帯　57.8兆円

① 出荷額が一番多い地帯・地域はどこで何兆円でしょう。
中京工業地帯　金額 57.8 兆円

② また出荷額が二～四番目に多い地帯・地域3つを書きましょう。
阪神工業地帯　関東内陸工業地域
瀬戸内工業地域　順不同

③ 機械工業の割合が一番多い地帯・地域はどこでしょう。
中京工業地帯

② 関東内陸工業地域のように，工業がさかんな地域が内陸部にも
広がってきた理由を交通との関係から考えて， □ にあては
まる言葉を〔 〕から選びましょう。

高速 道路が内陸部にも広がり， 空港 も全国各地につ
くられるようになった。そのため，生産に必要な 原料 や
部品 を運んだり，生産された 製品 を運ぶことが便利
になり，内陸部にも工場がつくられるようになった。

〔 製品　空港　観光　部品　高速　原料 〕

日本の主な高速道路
空港
港

P.53

大きい工場と小さい工場
わたしたちの生活と工業生産

① 下の文はA，Bど
ちらの工場のことか
考えて（A）か（B）
で答えましょう。

A （大きい工場）　　B （小さい工場）

（A）同じ工場で働く人が300人以上いる。
（B）小さな部品などを生産している。
（B）生活の場と仕事場が同じ場所にある。
（A）広い農地を工場用地に変えていった。
（B）同じ工場に働く人の数が少ない。

② グラフを見て答えましょう。

	中小規模事業所（従業者299人以下）99.1%	大規模事業所（従業者300人以上）0.9%
工場数（357996）	31.4%	68.6%
働く人（792万人）	51.7%	48.3%
生産額（305兆円）		

① 大きな工場は工場全体の何％ですか。 0.9 ％
② 大きな工場は生産額の何％ですか。 51.7 ％
③ 小さな工場で働く人は全体の何％ですか。 68.6 ％

〈学びをひろげる〉

大きい工場と小さい工場で働く人
わたしたちの生活と工業生産

① □ の中に（大
きい・小さい）のどち
らかを書きましょう。

C 小さい 工場で働く人
D 大きい 工場で働く人

② 大きい工場で働く人の説明に（○）を書きましょう。
（○）電気製品や自動車などの完成品を大量に生産している。
（　）じゅく練した技術を持つ人がいて，独自の製品もつくる。
（○）ベルトコンベアに合わせて，同じ作業をくりかえす。
（　）親工場からの注文に応じて，いろいろな製品をつくる。

③ □ にあてはまる言葉を
入れてグラフからわかること
を説明しましょう。

工場が小さくなるほど働く人
の給料は 少なく なり
ます。1人あたりの出荷額は
工場が 大きく なるほ
ど多くなります。

1人あたり現金給与
4～9人　293
10～49人　352
50～299人　421
300～999人　51
1000人以上　649

1人あたり出荷額等
4～9人　1369
10～49人　2133
50～299人　3588
300～999人　5326
1000人以上　7696

P.54

〈学びをひろげる〉
自動車のあるくらし
わたしたちの生活と工業生産　名前

① グラフを見て、問いに答えましょう。

（日本自動車会 2019/20）

自動車保有台数の移り変わり

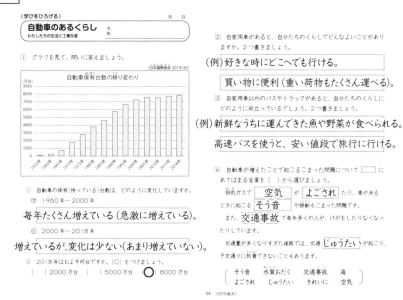

① 自動車の保有（持っている）台数は、どのように変化していますか。

・1960年～2000年
毎年たくさん増えている（急激に増えている）。

・2000年～2018年
増えているが、変化は少ない（あまり増えていない）。

② 2018年はおよそ何台ですか。（○）をつけましょう。
（　）2000万台　（　）5000万台　（○）8000万台

② 自家用車があると、自分たちのくらしにどんなよいことがありますか。2つ書きましょう。

（例）好きな時にどこへでも行ける。
買い物に便利（重い荷物もたくさん運べる）。

③ 自家用車以外のバスやトラックがあると、自分たちのくらしにどのように役立っているでしょう。2つ書きましょう。

（例）新鮮なうちに運んできた魚や野菜が食べられる。
高速バスを使うと、安い値段で旅行に行ける。

④ 自動車が増えたことで起こるこまった問題について　　にあてはまる言葉を〔　〕から選びましょう。

排気ガスで 空気 が よごされ たり、車が走るときに起こる そう音 や振動もこまった問題です。

また、交通事故 で毎年多くの人が、けがをしたりなくなったりしています。

交通量が多くなりすぎた道路では、交通 じゅうたい が起こり、予定通りに到着できないこともあります。

〔 そう音　水質おだく　交通事故　海
よごされ　じゅうたい　きれいに　空気 〕

P.55

自動車の部品を調べてみよう
わたしたちの生活と工業生産　名前

● ⑦の自動車を分解してみました。自動車は大きく分けてどんな部品からできているのかを調べてみましょう。下の図の〔　〕から部品名を選び、その名前を書き入れましょう。

〔 タイヤ　フロントガラス　バンパー　エンジン
ドア　ハンドル　シート　ペダル類　ワイパー 〕

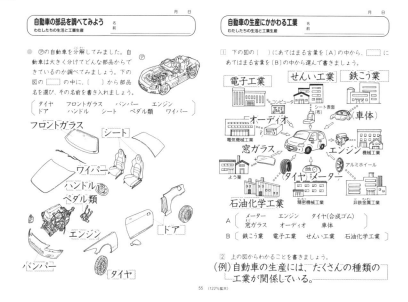

フロントガラス　シート　ワイパー　ハンドル　ペダル類　エンジン　ドア　バンパー　タイヤ

自動車の生産にかかわる工業
わたしたちの生活と工業生産　名前

① 下の図の（　）にあてはまる言葉を【A】の中から、□□□にあてはまる言葉を【B】の中から選んで書きましょう。

電子工業　せんい工業　鉄こう業
電気機械工業　オーディオ　車体　シート 表面（布）　窓ガラス　エンジン　タイヤ　メーター　アルミホイール
機械工業　精密機械工業　非鉄金属工業
石油化学工業

A〔 メーター　エンジン　タイヤ（合成ゴム）
窓ガラス　オーディオ　車体 〕
B〔 鉄こう業　電子工業　せんい工業　石油化学工業 〕

② 上の図からわかることを書きましょう。
（例）自動車の生産には、たくさんの種類の工業が関係している。

P.56

自動車が完成するまで
わたしたちの生活と工業生産　名前

① 下の絵は、どの作業をしているところでしょう。□□□から言葉を選んで、（　）の中に書きましょう。また、その作業の説明を線でつなぎましょう。

〔 シートの取りつけ　エンジンの取りつけ　最終検査　ドアの取りつけ　プレス　とそう 〕

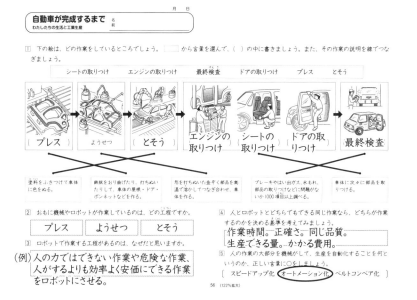

プレス　ようせつ　とそう　エンジンの取りつけ　シートの取りつけ　ドアの取りつけ　最終検査

塗料をふきつけて車体に色をぬる。
鉄板をおり曲げたり、打ちぬいたりして、車体の屋根・ドア・ボンネットなどを作る。
形を打ちぬいた金ぞく部品を高温で溶かしてつなぎ合わせ、車体を作る。
ブレーキやはい出ガス、水もれ、部品の取りつけなどに問題がないか1000項目以上調べる。
車体に次々に部品を取りつける。

② おもに機械やロボットが作業しているのは、どの工程ですか。
プレス　ようせつ　とそう

③ ロボットで作業する工程があるのは、なぜだと思いますか。
（例）人の力ではできない作業や危険な作業、人がするよりも効率よく安価にできる作業をロボットにさせる。

④ 人とロボットとどちらでもできる同じ作業なら、どちらが作業するのかを決める基準を考えてみましょう。
作業時間。正確さ。同じ品質。生産できる量。かかる費用。

⑤ 人の作業の大部分を機械にして、生産を自動化することを何というのか、正しい言葉に○をしましょう。
〔 スピードアップ化　（オートメーション化）　ベルトコンベア化 〕

P.57

自動車生産のしくみとくふう
わたしたちの生活と工業生産　名前

① 自動車組み立て工場での生産について、正しい説明に（○）をつけましょう。
（○）自動車は生産ラインを流れていく間に組み立てられる。
（　）熟練した職人がすぐれた技術で組み立てている。
（　）同じ自動車ばかりが大量に生産されている。
（○）消費者の注文に合わせて、種類や部品のちがう自動車を生産している。
（○）生産ラインは、決められた同じ速さで流れていく。
（　）一度動き出した生産ラインは絶対に止まらない。

② 流れ作業を説明した文の□□□にあてはまる言葉を〔　〕から選びましょう。
⑦ 作業工程を 細か く分け、同じ人が、同じ 作業 を受け持ちます。
⑦ 働く人は 決められた 時間内で、その作業を くりかえし ます。
⑦ 作業工程が全て 終わった ら、自動車が 完成 します。
〔 決められた　完成　くりかえし　細か　終わった　作業 〕

③ 下の絵では車体がつり上げられています。その理由を2つ選んで（○）をつけましょう。

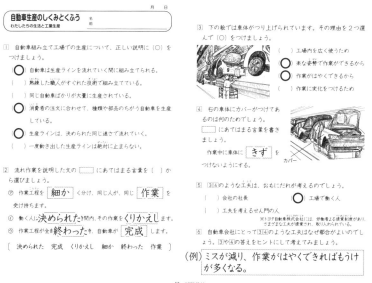

（　）工場内を広く使うため
（○）楽な姿勢で作業ができるから
（○）作業がはやくできるから
（　）作業に変化をつけるため

④ 右の車体にカバーがつけてあるのは何のためでしょう。□□□にあてはまる言葉を書きましょう。
作業中に車体に きず をつけないようにする。

⑤ ③④のような工夫は、おもにだれが考えるのでしょう。
（　）会社の社長
（○）工場で働く人
（　）工夫を考えるせん門の人

※トヨタ自動車株式会社には、労働者による提案制度があり、さまざまな工夫が提案され、取り入れられています。

⑥ 自動車会社にとって③④のような工夫はなぜ都合がよいでしょう。③や④の答えをヒントにして考えてみましょう。
（例）ミスが減り、作業がはやくできればもうけが多くなる。

P.58

組立工場と関連工場
わたしたちの生活と工業生産

1 右の絵を見て問題に答えましょう。

① □ に（組立工場）（第二次関連工場）の言葉を書きましょう。

② □ に（注文）（納品）の言葉を書きましょう。

③ （　）の正しい言葉に○をしましょう。

絵の下に行くほど工場の規模は（⦿小さく・大きく）なり，作る部品は（⦿小さく・大きく）なり，工場の数は（少なく・⦿多く）なっていきます。

組立工場
第一次関連工場
第二次関連工場
第三次関連工場

2 □ の中にあてはまる数字や言葉を右上の〔　〕から選んで書きましょう。

① 自動車の約3万個の部品は 4000 個くらいのユニット部品にまとめられます。

② このユニット部品を生産する工場を 下うけ・関連 場です。

③ 部品をつくる工場から 組立 工場にユニット部品が納入されて，自動車が完成します。

〔 組立　70　下うけ・関連　4000　作業 〕

③ 〔A〕〔B〕のグラフの，自動車組立工場（自動二輪をふくむ）に青色，部品工場に赤色をぬりましょう。

① 正しい方に○をしましょう。

・工場数が多いのは（組立・⦿部品）工場

・働く人が多いのは（組立・⦿部品）工場

・出荷額が多いのは（組立・⦿部品）工場

② 正しい方に○をしましょう。

・1工場当たりで働く人が多いのは（⦿組立・部品）工場

・1工場当たりの出荷額が多いのは（⦿組立・部品）工場

③ グラフを見て，気がついたことを書きましょう。

(例)組立工場はけんすうが大きい。部品工場は規模が小さい工場が多く，工場数も多い。自動車作りは分業になっている。

P.59

世界とつながる自動車
わたしたちの生活と工業生産

1 自動車の部品をつくる原料を3つ書きましょう。

(例)ゴム　　鉄

(例)アルミニウム　　プラスチック

2 1の原料の多くはおもに国内産か外国産かどちらでしょう。

外国産

3 グラフを見て □ にあてはまる数字や言葉を書きましょう。

1990年と比べると生産台数は 減って きています。それでも 1000万 台前後の自動車が毎年生産されています。生産された自動車のおよそ 2 分の1は輸出されています。少しですが 輸入 もされています。

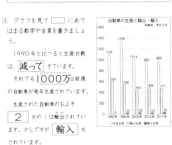

4 グラフを見て答えましょう。

① 現地（海外）生産の説明で合っているものを選んで（○）をつけましょう。

(⦿) 外国に日本の工場をつくり現地の人をやとって生産する。

(　) 外国の工場に日本人がやとわれて生産をする。

(　) 外国企業の工場に日本人が行って技術指導をする。

② 海外生産台数は，どのように変化していますか。

毎年増えてきている。

③ 2017年には，自動車の国内生産と海外生産では，どちらが多くなっていますか。3のグラフと比べて答えましょう。

海外生産の方が多くなっている。

④ 海外で生産した自動車を日本に輸入していることもあります。これを何というでしょう。

(　) 帰り輸入　(⦿) 逆輸入　(　) Uターン輸入

P.60

これからの自動車づくり ～人々の幸せになげて～
わたしたちの生活と工業生産

1 自動車の便利なところを考えて書きましょう。

(例)雨が降ってもこまらない。大きくて重い荷物も運べる。どこでも行きたいところに行ける。

2 自動車が増えると困ることを考えて書きましょう。

(例)渋滞や騒音・振動などで困る。排気ガスで空気がよごれる。交通事故が増える。車を運転しない人が暮らしにくい。

3 環境にやさしい自動車についての説明の □ に当てはまる言葉を〔　〕から選んで書きましょう。

① ハイブリッド車

走っている間に発電ができ， ガソリン と 電気 の両方を使って走る。

② 電気自動車

車に積んだ 電池 でモーターを動かして走る。

③ 燃料電池自動車

水素と 酸素 を化学反応させて発電して走る。走行中は排気ガスは出さず 水 だけを出す。

④ クリーンディーゼル車

ガソリンではなく軽油を燃料として走るので，二酸化炭素の排出量が少なく，燃料の使用量も 少ない 。

〔 少ない　酸素　ガソリン　水　電気　電池 〕

④ グラフを見て答えましょう。

次世代自動車の国内販売台数の移り変わり

① 環境にやさしい次世代自動車の販売は，増えていますか，減っていますか。

増えている

② 特に多く販売されているのは，どれですか。

ハイブリッド車

5 人にやさしい自動車として，どのような自動車が開発されているでしょう。

(例)足が悪くても手だけで運転できる車　自動ブレーキがかかったり，警告音がなる車　車イスのまま乗り降りできる車

P.61

（学びをひろげる）
お茶わんなどをつくるよう業
わたしたちの生活と工業生産

1 よう業について説明した文の □ にあてはまる言葉を〔　〕から選びましょう。

よう業は ねん土 や石など，金属以外の材料をかまや炉の中で焼くなど 高 温で処理して，陶磁器，セメント， ガラス などをつくります。

これらよう業でつくられたものはセラミックスとよばれます。セラミックスは，熱や薬品に 強 く， くさる こともありません。

鉄やアルミなどの 金属 ，毛や・ わた ・木材などの有機材料 セラミックス は，様々な製品をつくるもとになる三大材料とよばれています。

〔 わた　金属　くさる　セラミックス
　 高　ねん土　強　ガラス 〕

2 セラミックスでつくられた製品に（○）をつけましょう。

(⦿) ビールびん　(　) 針金
(　) ノート　　　(⦿) ちゃわん
(⦿) コンクリートブロック　(⦿) れんが

3 ファインセラミックスについて説明した文の □ にあてはまる言葉を〔　〕から選びましょう。

高純度に精製・合成された原料をもとに，新しい 技術 で改良がくわえられたものが ファインセラミックス です。それまでのセラミックスにくらべて 高度 な機能を持っています。身近なものでは ナイフ や ボールペンの先 ，医りょう用には 人工関節 や，そのほかにも 宇宙ロケット やスーパーコンピューターの部品などさまざまなところで使われています。

〔 宇宙ロケット　ファインセラミックス　高度
　 ナイフ　人工関節　技術　ボールペンの先 〕

4 ファインセラミックス販売額のグラフを見て答えましょう。

① 販売額は増えていますか，減っていますか。

増えている

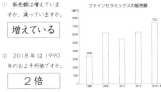

② 2018年は1990年のおよそ何倍ですか。

2倍

P.62

〈学びをひろげる〉
さまざまな製品をつくる機械工業
わたしたちの生活と工業生産　名前

① 機械工業は，製品によりたくさんの分野に分かれます。
下の機械の名前を右の〔　〕から選びましょう。

情報・通信機械		建設機械

スマートフォン	パラボラアンテナ	クレーン
電気機械	精密機械	電子部品
電子レンジ	カメラ	集積回路
輸送用機械	工作用機械	事務用機械
飛行機	産業用ロボット	コピー機

〔　産業用ロボット　コピー機　集積回路（IC）
スマートフォン　飛行機　クレーン
カメラ　電子レンジ　パラボラアンテナ　〕

② 左の機械のなかで，見たことがある物を書きましょう。

> 略

③ 下の説明文を読んでから答えましょう。
【工作機械】の説明をしている文に（工），【産業用ロボット】の説明をしている文には（産）と書きましょう。

（産）重い部品の取り付け作業をする。
（工）「機械をつくる機械」とよばれている。
（産）危険な作業現場で活やくしている。
（産）自動車や半導体を生産するときに広く使われている。
（工）日本の高い技術力をささえている。

【工作用機械】
「機械を作る機械」とよばれ，その精度が工業水準を決めます。

【産業用ロボット】
自動車や半導体を生産する時に広く使われています。

▲日本ではじめて国産化された浦圧駆動の産業用ロボット

62　(122%拡大)

P.63

〈学びをひろげる〉
金属工業（1）
わたしたちの生活と工業生産　名前

金属類は，自然の形で使えるものは少なく，鉱石から取り出す作業（精錬＝せいれん）が必要です。金属工業は，この技術とともに発展してきました。

① 左の言葉の説明を選んで線でつなぎましょう。

精錬 ── 銅，アルミニウム，レアメタルなど鉄以外の金属を生産，加工する。

鉄鋼業 ── 金属成分をふくんでいる鉱石から金属を取り出す技術。

非鉄金属製造業 ── 鉄を生産，加工する。

② 身の回りにある金属製品を探してみましょう。

鉄製品	（例）スプーン	鉄製品	くぎ　ほうちょう　針金　など
銅製品	電線　なべ　など	アルミ製品	サッシ　ジュース缶　など

③ アルミニウムの説明について □ にあてはまる言葉を〔　〕から選びましょう。

アルミニウムは □軽金属 の代表で，□ボーキサイト が原料鉱石です。
□精錬 には，大量の □電気 を使うため，生産コストが高くなり，今では日本国内で生産されて□いません 。
他の金属との □合金 はとてもじょうぶです。

〔　電気　水　ボーキサイト　います　いません
ニッケル　合金　軽金属　重金属　精錬　〕

④ レアメタルは，デジタル家電製品などの生産に必要な素材です。下の表のおもな産出国を，次のページの地図に赤で●印しましょう。

	1位	2位
クロム	南アフリカ共和国 48.4%	カザフスタン 18.2%
マンガン	南アフリカ共和国 34.7%	オーストラリア 17.0%
ニッケル	フィリピン 24.3%	ロシア 11.8%
アンチモン	中華人民共和国 76.9%	ロシア 5.8%
レアアース	中華人民共和国 84.0%	オーストラリア 6.4%
コバルト	コンゴ民主共和国 56.6%	オーストラリア 4.9%

63　(122%拡大)　　(2016年 日本国勢会 2019/20)

P.64

〈学びをひろげる〉
金属工業（2）
わたしたちの生活と工業生産　名前

● 日本では石油・石炭や鉱石のほとんどを輸入しています。下の地図の □ に国名を書き入れましょう。

おもな輸入資源	1位	2位	3位
原油	サウジアラビア 38.7%	アラブ首長国連邦 25.6%	カタール 7.9%
石炭	オーストラリア 61.6%	インドネシア 12.4%	ロシア 9.4%
鉄鉱石	オーストラリア 49.6%	ブラジル 31.1%	カナダ 6.6%
アルミニウム	オーストラリア 16.1%	ロシア 16.1%	中国 15.4%

(2018年 日本国勢会 2019/20)

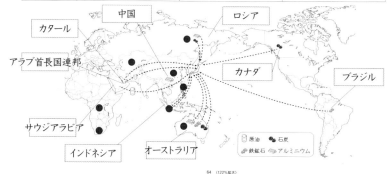

中国　ロシア　カタール　アラブ首長国連邦　カナダ　ブラジル　サウジアラビア　インドネシア　オーストラリア

原油　石炭　鉄鉱石　アルミニウム

64　(122%拡大)

P.65

〈学びをひろげる〉
くらしと社会を変えたエレクトロニクス
わたしたちの生活と工業生産　名前

① 電話について考えてみましょう。
① 通話以外の機能を持つ電話に（○）をつけましょう。

あ（　）固定電話　い（○）けい帯電話　う（○）スマートフォン

② スマートフォンには，どんな機能があるでしょう。

（例）写真をとる，音楽を聴く，地図が出る，計算ができる，インターネットにつながる

② 次の製品は，最近ではどんな機能を持っているでしょう。

製品名	はじめのころの機能	最近の機能
（例）電気すいはん器	スイッチをいれるとご飯がたける。	たき加減の調節　いろいろなご飯がたける
エアコン	部屋の温度を下げる。	カビ取りやそうじ　冷暖房　湿度の調節
電子レンジ	火にかけないで温める。	煮炊き，焼く，蒸すができる

③ 絵や地図を見て， □ にあてはまる言葉を〔　〕から選びましょう。

① 電子機器は □精密 な機械なので，□ホコリ やカビが大の苦手です。工場に入る前 □空気シャワー をあびて，目に見えない細かいゴミを落します。服装も ホコリなどがつきにくい □特しゅ なものです。

② 電子機器の工場は水や □空気 のきれいな土地を選んで建てられます。

③ 工業がさかん □太平洋ベルト から離れている地域でも □高速道路 や空港のある場所に工場が集まっています。電子製品は小型 □軽量 なので，運賃の高い □飛行機 を使っても損はしません。

〔　特しゅ　高速道路　太平洋ベルト　空気　飛行機　ホコリ　軽量　精密　空気シャワー　〕

65　(141%拡大)

P.66

石油化学工業
わたしたちの生活と工業生産

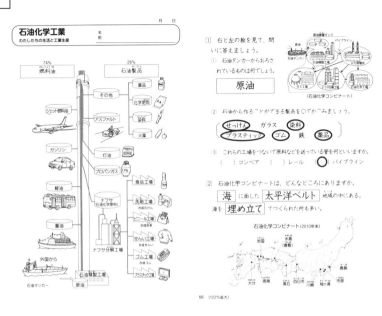

1 右と左の絵を見て，問いに答えましょう。

① 石油タンカーからおろされているものは何でしょう。

> **原油**

② 石油から作ることができる製品を○でかこみましょう。

（せっけん） ガラス （染料）
（プラスチック） （ゴム） 鉄 （薬品）

③ これらの工場をつないで原料などを送っている管を何といいますか。

（ ）コンベア （ ）レール （○）パイプライン

2 石油化学コンビナートは，どんなところにありますか。

海に面した**太平洋ベルト**地域の中にある。

海を**埋め立て**てつくられた所も多い。

石油化学コンビナート（2010年末）

P.67

食料品をつくる工場
わたしたちの生活と工業生産

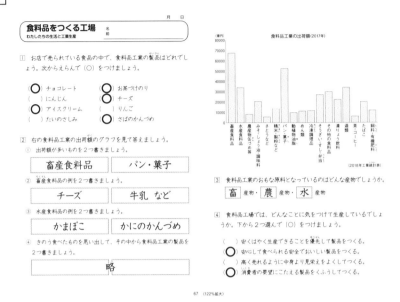

食料品工業の出荷額（2017年）

1 お店で売られている食品の中で，食料品工業の製品はどれでしょう。次からえらんで（○）をつけましょう。

（○）チョコレート （○）お茶づけのり
（ ）にんじん （○）チーズ
（○）アイスクリーム （ ）りんご
（ ）たいのさしみ （ ）さばのかんづめ

2 右の食料品工業の出荷額のグラフを見て答えましょう。

① 出荷額が多いものを2つ書きましょう。

> **畜産食料品** **パン・菓子**

② 畜産食料品の例を2つ書きましょう。

> **チーズ** **牛乳** など

③ 水産食料品の例を2つ書きましょう。

> **かまぼこ** **かにのかんづめ**

④ きのう食べたものを思い出して，その中から食料品工業の製品を2つ書きましょう。

> **略**

3 食料品工業のおもな原料となっているのはどんな産物でしょうか。

畜産物・**農**産物・**水**産物

4 食料品工場では，どんなことに気をつけて生産しているでしょうか。下から2つ選んで（○）をつけましょう。

（ ）安くはやく生産できることを優先して製品をつくる。
（○）安心して食べられる安全でおいしい製品をつくる。
（ ）高く売れるように中身や見栄えをよくしてつくる。
（○）消費者の要望にこたえる製品をくふうしてつくる。

P.68

〈学びをひろげる〉
工業生産を支えるエネルギー
わたしたちの生活と工業生産

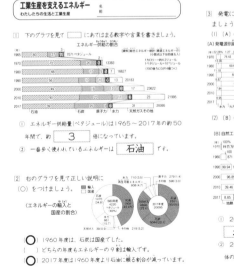

1 下のグラフを見て□にあてはまる数字や言葉を書きましょう。

エネルギー供給の割合

① エネルギー供給量〔ペタジュール〕は1965～2017年の約50年間で，約**3**倍になっています。

② 一番多く使われているエネルギーは**石油**です。

2 右のグラフを見て正しい説明に（○）をつけましょう。

エネルギーの輸入と国産の割合

（○）1960年度は，石炭は国産でした。
（ ）どちらの年度もエネルギーの9割は輸入です。
（ ）2017年度は1960年度より石油に頼る割合が減っています。

3 発電について，グラフを見て□にあてはまる言葉を書きましょう。

（1）〔A〕のグラフを見て答えましょう

〔A〕発電源別発電量

● 発電量が一番多いのは**火力**発電です。

● 2010年まで増えてきて，その後大きく減ったのは**原子力**発電です。

（2）〔B〕のグラフを見て答えましょう。

〔B〕自然エネルギー（地熱・風力・太陽光）

① 2000年ごろまでは，自然エネルギーの発電はほとんど**地熱**でした。

② 2017年には，**太陽光**発電が一番多くなり，全体の約**65.8**％を占めるようになりました。

P.69

全国へ運ばれる工業製品
わたしたちの生活と工業生産

中・小型　大型　集める　配達
トラックターミナル

1 国内の貨物輸送をする交通機関の割合は，どのように変化していますか。2つのグラフを比べて答えましょう。

（1955年）
船 35.7%
自動車 11.7%
鉄道 52.6%

（2017年）
飛行機 0.3%
船 43.7%
自動車 50.8%
鉄道 5.2%

（例）自動車の割合が大きく増えて，鉄道が減っている。貨物輸送は，鉄道から自動車中心に変わった。

2 トラックターミナル図について□や（ ）にあてはまる言葉を右上の〔 〕から選びましょう。※同じ言葉を2回選んでもよい

集める → トラックターミナル → **トラックターミナル** → 配達
（中・小型）トラック ← 運ぶ → （中・小型）トラック
（大型）トラック
配達 集める

3 下の地図を見て，高速道路はどのように広がっているか，次の中から選んで（○）をつけましょう。

（ ）太平洋ベルトに集中していて，他の地域にはない。
（ ）全国各地に，バラバラに分散している。
（○）全国に網の目のようにつながって広がっている。

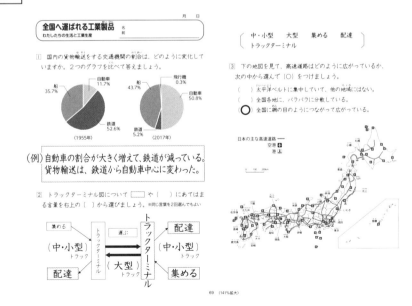

日本の主な高速道路

P.70

日本のおもな貿易港（・空港）
わたしたちの生活と工業生産

① 右の地図の輸出と輸入を色でぬり分け，問いに答えましょう。

① 貿易額の１位と２位はどこですか。

| １位 成田国際空港 | ２位 名古屋港 |

② 輸出の割合が特に大きいのはどこですか。

名古屋港

③ これらの港や空港は，ある地域に集中しています。そこは何と呼ばれているでしょう。

太平洋ベルト

港	輸出品１位	輸入品１位
成田国際空港	化学光学機器	通信機
名古屋港	自動車	液化ガス
東京港	自動車部品	衣類
横浜港	自動車	石油
神戸港	プラスチック	衣類
大阪港	集積回路	衣類
関西国際空港	集積回路	医薬品
千葉港	石油製品	石油
博多港	集積回路	魚介類
川崎港	自動車	液化ガス

おもな港・空港の貿易額（ベスト10·2018年）

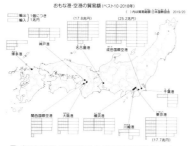

② 左のおもな港・空港の輸出入１位の表を見て答えましょう。

① 輸出品１位で多いのは何でしょう。

| 自動車 | 集積回路 |

② 輸入品１位で多いのは何でしょう。

衣類

③ ２つの空港で輸出入が多い製品の特ちょうを考えましょう。
ヒント：大きさ，ねだん

軽くて小さいが，ねだんは高い製品。

70　(122%拡大)

P.71

〈学びをひろげる〉
日本の貿易相手国
わたしたちの生活と工業生産

● 下の地図は，日本のおもな貿易相手国です。円グラフの輸出に水色，輸入に黄色をぬり，問いに答えましょう。

① 輸出入総額が１位の国の金額を書きましょう。

35 兆 914 億円

② 輸入入総額ベスト５の国や地域を書きましょう。

１	中国
２	アメリカ合衆国
３	韓国
４	台湾
５	オーストラリア

③ 上位２国で日本の輸入の方が多い国はどこでしょう。

中国

④ 上位２国で日本からの輸出の方が多い国はどこでしょう。

アメリカ合衆国

⑤ 日本は，次のどこの地域との貿易が多いといえますか。１つえらんで（○）をつけましょう。

（　）ヨーロッパ　　（○）アジア
（　）南北アメリカ　（　）アフリカ

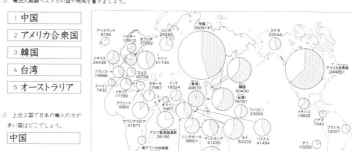

71　(122%拡大)

P.72

日本の貿易の移り変わりと特ちょう
わたしたちの生活と工業生産

① おもな輸出品の割合のグラフを見て，問いに答えましょう。

輸出グラフ

① 輸出品のベスト３を表に書いて比べましょう。

年	１位	２位	３位
1960年	せんい製品	機械類	鉄鋼
2018年	機械類	自動車	自動車部品

② 輸出の中心は何から何へと変わってきていますか。□□にあてはまる言葉を書きましょう。

せんい製品 から 機械類 や 自動車 へ変わってきています。

② おもな輸入品の割合のグラフを見て，問いに答えましょう。

輸入グラフ

① 輸入品のベスト３を表に書いて比べましょう。

年	１位	２位	３位
1960年	せんい原料	石油	機械類
2018年	機械類	石油	液化ガス

② 1960年も2018年も割合があまり変わらないで多く輸入しているものは何でしょう。

石油

③ ４つのグラフを見て，気づいたことを書きましょう。

(例)1960年はせんい原料を輸入し製品にして輸出している。機械類はどちらの年も輸出入している。2018年は1960年にはなかった自動車の輸出や液化ガスの輸入が多い。

72　(122%拡大)

P.73

〈学びをひろげる〉
海外に進出する工場
わたしたちの生活と工業生産

① 世界地図を見て考えましょう。

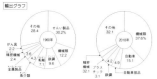
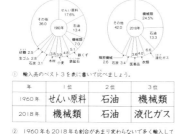

① 地図の□□の中に国名を書きましょう。

② 売上高が20兆円以上ある国には水色，３兆円以上ある国には黄色にお金をぬりましょう。

③ 工場で働く人が100万人以上いる国には緑色を，30万人以上いる国には赤色に人にぬりましょう。

② □□の中にあてはまる言葉を書きましょう。

① いちばんたくさんの人が働いているのは アジア 地域です。

② 売り上げが多い国は 中国 とアメリカ合衆国です。

③ ⑦のグラフを見て考えましょう。

① 海外生産は，1985年以降どうなっていますか。

増えている

② いちばん大きく増えているのは

2000 年～ 2005 年です。

④ ④のグラフを見て，正しい説明に（○）をつけましょう。

（○）国内生産は1990年をピークにして，以降減っている。

（　）2010年の国内生産は，1970年より多い。

（○）海外生産が増えはじめるのは1990年からである。

73　(141%拡大)

121

P.74

技術をほこる町工場
わたしたちの生活と工業生産

❖ 町工場で働く人の話を読んで問いに答えましょう。

ナベやフライパンを作っていましたが，今は，【ヘラしぼり】の技術を生かしてトンネルの空調装置の筒やトップライトの反射板，ロケットや新幹線の先端部品，パラボラアンテナなどを作っています。硬くて厚みのある一枚の金属板を「ヘラ」という道具で丸みのある型に押しつけ，丸い形にしていきます。その時，手に伝わってくる感しょくや，ほんのわずかな音の変化を聞きながら，どこも同じ厚さで，つぎめのない丸い形に仕上げます。大きなパラボラアンテナは直径３ｍですが，誤差１ｍ以下の正確さが要求されます。ヘラの動かし方や力の入れ具合などは，長年の経験による技術と勘によってかく得したもので，機械ではできないものです。一人前の職人になるのには 10 年以上かかります。

① パラボラアンテナの作り方について □ にあてはまる言葉を書きましょう。

かたくて厚みのある一枚の 金属板 を「ヘラ」という道具で丸みのある型に押しつけ， 丸い 形にしていきます。どこも 同じ 厚さで， つぎめ のない丸い形に仕上げます。直径３ｍのパラボラアンテナですが，誤差は 1mm 以下の正確さが要求されます。

② どのようにして正確に仕上げるのでしょう。□ にあてはまる言葉を書きましょう。

手に 伝わってくる感しょくや，わずかな 音の変化 を聞きながら仕上げる。

③ ヘラの動かし方や力の入れ具合について，正しいものに（○）をつけましょう。

（　）機械を使えば，だれでも簡単にできる。
（○）長年の経験による技術と勘で身につけた。
（　）専門の学校で教えられて身についた。
（○）機械ではできない。

④ 一人前の職人になるのに何年かかりますか。

10 年以上

P.75

昔から伝わる工業製品
わたしたちの生活と工業生産

① 日本各地に，昔から伝わる技術でつくられている製品があります。自分の家にあるものや知っているものを書きましょう。

（例） 輪島ぬりのおわん　　有田焼のおさら
博多人形　　西陣織の帯

② 次の製品は何を原料や材料にして，どのように作られるのか下の説明から選んで ⑦〜⑦の記号を入れましょう。

わかさぬり（ア）　　かば細工（カ）
加賀ゆうぜん（エ）　　しがらき焼（ウ）
くるめがすり（オ）　　高岡銅器（イ）

⑦ 木製のおわんやおぼんにうるしをぬり重ねた漆器。
⑦ 溶かした銅で形をつくり，仕上げの加工や着色をする。
⑦ 粘土でつくったものをかまで焼いて仕上げた陶器。
⑦ 布地に絵を描いて染め，着物の生地などにする。
⑦ 染め分けた糸を使って織りあげた織物。
⑦ 桜の皮を使って茶筒や小箱をつくる木工品。

③ 昔から伝わる工業のキーワードを選び（○）をつけましょう。

（　）機械化　　（○）熟練した技術　　（　）大量生産

福井県鯖江市のめがねづくり

めがね製造は，明治の終わり頃，農作業ができない冬の副業として始まりました。はじめは職人のグループ毎に作っていましたが，生産性を高めるために専門のパーツごとの分業化が進み，町全体がひとつの大きな工場のようになっていきました。高度経済成長期に機械化が進み，めがねの一大生産地となりました。
鯖江のめがねづくりは，初めの頃，職人たちが技術を競い合い，腕を磨くことで品質を高めていきました。1980 年代には，世界で初めて，軽くて丈夫なチタンフレームのめがねの開発に成功し，世界的なめがね産地となりました。
中国産などの海外からの安いめがねに対して，日本の技術でしか作れない製品や，さらにはデザインや機能もくふうした製品などもつくられています。

④ 上の文を読んで問いに答えましょう。

① 初めの頃は，どのようにして品質を高めていましたか。

職人たちが技術を競い合って腕をみがいた。

② どうして町全体がひとつの工場のようになったのでしょう。

生産性を高めるために専門のパーツ毎に分業化した。

③ 海外の安いめがねに対してどうしていますか。

日本の技術でしか作れない製品や，デザインや機能もくふうした製品を作っている。

P.76

わたしたちをとりまく情報
情報化した社会と産業の発展

① あなたは，何からどんな情報を得たことがありますか。

何から	どんな情報
（例）新聞	今日はどんなテレビ番組があるか
1	
2	略
3	

② 情報を伝えるメディアと，その説明を線で結びましょう。

新聞　　　映像と音声で伝えることができ，録画もできる。

テレビ　　文章にくわしく書いて相手に送ることができる。

スマートフォン　　見出し，本文，写真などでくわしく，わかりやすくまとめてあり，くりかえし読める。

手紙　　　どこからでも，どこにいても連絡がとれる。写真，メール，インターネットも利用できる。

③ 町の中には，言葉以外で伝えられる情報が多くあります。下の絵を見て何から，どんな情報が伝えられるか見つけましょう。

何から	どんな情報
（例）自動車のクラクション	車が来ているので危ない
（例）踏切の音	電車が来ている
点字ブロック	ブロックにそって進め，止まれなど
信号機	進め，中止，止まれの合図

P.77

（学びをひろげる）

昔の情報・今の情報
情報化した社会と産業の発展

昔
のろし　飛脚　立て札
お寺の鐘　瓦版　早馬

今
テレビ　パソコン　電話
新聞　スマートフォン　通信衛星

① 左の絵を見て答えましょう。

① 今の郵便に近い働きをしていたのは，昔は何だったでしょう。

ひきゃく

② 瓦版は，今の何にあたると思いますか。

新聞

③ お寺の鐘は，おもに何を伝えていたのでしょう。

（　）火事　　（○）時こく　　（　）集合の合図

② 昔と比べて，今の情報の伝え方にはどんな特ちょうがあるか，下から選んで（○）をつけましょう。

（○）一度に大量の情報を伝えることができる。
（　）人が直接相手に情報を伝えている。
（　）文字に書いて情報を伝えることがなくなった。
（○）はやく情報を伝えることができる。
（○）さまざまな機械も使って情報を伝えている。

③ 今は，個人でも大勢の人に情報を伝えることができます。どんな方法があるか，２つ書きましょう。

（例）1 フェイスブックやツイッターなどで発信する

（例）2 新聞の読者欄に投稿する

P.78

〈学びをひろげる〉
情報の移り変わり
情報化した社会と産業の発展
名前

[1] テレビの利用について、グラフを見て答えましょう。

① 地上放送（NHK）の利用が急に増えたのはいつごろでしょうか。

1960年 ～1970年

② NHK-BSの利用が急に増えたのはいつごろでしょうか。

1990年 ～2000年

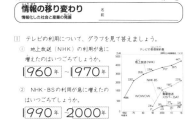

[2] 右のグラフを見て答えましょう。

① 発行部数が一番多いのは、いつですか。

2000年

② それ以後は、どのように変化していますか。

減っている

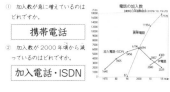

[3] 電話の利用について、グラフを見て答えましょう。

① 加入数が急に増えているのはどれですか。

携帯電話

② 加入数が2000年頃から減っているのはどれですか。

加入電話・ISDN

[4] インターネットの普及について、グラフを見て答えましょう。

① インターネットを利用する人はどのように変化していますか。

増えている

② 2016年には、日本の人口の何％の人がインターネットを利用していることになりますか。

83.5%

[5] 情報利用の変化について、気づいたことを書きましょう。

(例)新聞や固定電話の利用から、インターネットや携帯電話・スマートフォンの利用に変わってきている。

78　（141％拡大）

P.79

ニュース番組をつくる
情報化した社会と産業の発展
名前

[1] ニュース番組が放送されるまでの仕事を考えましょう。

① 下の⑦①⑦の絵は、だれが何をしているのでしょう。〔　〕の言葉を参考にして書きましょう。

取材記者がインタビューをしている。

カメラマンがさつえいをしている。

大道具係がスタジオのセットを作っている。

番組のスタッフが打ち合わせをしている。

〔 番組のスタッフ　カメラマン　スタジオのセット
インタビュー　取材記者　打ち合わせ　大道具係 〕

② 他にどんな仕事があるか、知っていることを書きましょう。

(例)タイトルや字幕などを作る。原稿を読む練習をする。
照明の準備をする。取材してきたビデオ画像の編集をする。バックに流す音楽など音声の準備をする。

[2] ニュース番組の本番放送中の仕事を考えましょう。

① 下の②④の絵は何をしているのでしょう。〔　〕の言葉を使って書きましょう。

②スイッチャーが画面の切り替えをしている。

アナウンサーが、ニュースを伝えている。
カメラマンが、スタジオカメラで写している。

〔 原稿　スイッチャー　スタジオカメラ　画面
切り替え　カメラマン　アナウンサー　ニュース 〕

② 他にどんな仕事があるか、知っていることを書きましょう。

(例)番組の進行の指示。照明や音楽などの操作。

[3] ニュース番組を放送する時、大切なことは何だと思いますか。
(例) 情報をはやく伝える。

(例)情報を正確に伝える。情報を分かりやすく伝える。

79　（122％拡大）

P.80

新聞ができるまで
情報化した社会と産業の発展
名前

● □にあてはまる言葉を〔　〕から選んで書きましょう。

[1] 〈取材〉新聞にのせる記事はどのようにして集めるのでしょう。

取材現場には、**記者**や**カメラマン**が行きます。政治、**経済**、**文化**などの分野に分かれて取材します。

記事はパソコンや**通信衛星**電話などで新聞社にすぐに送ります。取材には、ヘリコプターや飛行機を使うこともあります。

〔 通信衛星　カメラマン　経済　記者　文化 〕

[2] 〈編集〉取材した記事は、どのようにして新聞にのるのでしょう。

集められた原稿を、新聞にのせるかどうかは、政治、経済など各部から**デスク**が集まって決めます。

編集方針が決まると、**記事**の大きさを決め**見出し**をつけたりします。

〔 編成部　見出し　デスク　記事 〕

[3] 〈製作〉新聞紙面は、どのようにしてつくられるのでしょう。

コンピュータを使って**記事**と**写真**を合わせ、「大刷り」ができます。

校閲部で**まちがい**がないかチェックします。さらに、広告を合成してネガフィルムをつくり、アルミ版をつくります。

〔 まちがい　記事　写真 〕

[4] 〈印刷〉新聞は、どのように印刷されるのでしょう。

朝刊の印刷は、**夜**遅くに始まります。刷り版を輪転機にとりつけ、1時間に約**10万**部という高速で印刷されます。輪転機には、青、黄のインクをつける大きなローラーがたくさんあります。この中を**黒**・**赤**、通って、**文字**や写真が印刷されていきます。

〔 黒　金　14　10万　赤　夜　朝　文字 〕

80　（122％拡大）

P.81

くらしを支えるさまざまな産業と情報の活用
情報化した社会と産業の発展
名前

[1] 次のように情報を活用しているのはどこか、〔　〕から選んで□に書き入れましょう。

・用水や温室をスマホで管理　　**農家**
・ICカードで乗車や切符の予約　　**鉄道会社**
・情報をもとに自動運転できる車の開発　　**自動車工場**
・GPSを利用してトラックの位置がわかる　　**運送会社**

〔 鉄道会社　自動車工場　運送会社　農家 〕

[2] スマートフォンの「バスナビ」で調べられるバスの情報を3つ選んで（○）をつけましょう。

（○）乗りたいバスの乗り場や時刻表
（　）バスの形や作られた年月日
（○）乗りたいバスの走行位置（接近情報）
（　）運転手の名前や写真
（○）目的地までのバスルートや運賃、時間など

[3] バス車内では、お客のためにどのような情報が出されていますか。知っていることを書きましょう。

(例) 各停留所までの料金を表示している。

(例)次の停留所を車内アナウンスしている。

[4] 旅行に行くとき、家の人はインターネットをどんなことに使っていますか。

(例)行きたいところを探したり、調べたりする。

宿や切符の予約をする。

[5] 旅行会社や観光協会は、どのように情報を活用しているでしょう。
(例) いろいろな旅行プランを作って利用者に知らせている。

(例)観光地の案内やイベントの紹介をする。

ホームページで旅行や見学の申込みを受け付ける。

〈ひろげる〉

[6] インターネットを利用した通信販売についてグラフを見て答えましょう。

① インターネットでの買い物は、どのように変わってきていますか。

増えてきている。

② 2018年に販売された金額はいくらですか。

9兆2992億　円

81　（122％拡大）

P.82

情報を活用して販売する
情報化した社会と産業の発展　　名前

① コンビニエンスストアで集めている情報について □ にあてはまる言葉を〔 〕から選びましょう。

コンビニでは，商品についている バーコード や，お客さんが買うときに使う ポイントカード などから，さまざまな情報を読みとります。

売れた商品 や その数量，売れた 時こく ，お客さんの 年令 や 性別 などの情報は，店の コンピューター から 本部 に送られます。

〔 時こく　性別　売れた商品　本部　年令
コンピューター　ポイントカード　バーコード 〕

② コンビニエンスストアでは，どんな情報をもとに，本部に商品を注文するのでしょう。3つ選んで（○）をつけましょう。

（○）売れた商品の種類と数　　（　）お客さんの住所
（　）日の出と日没の時こく　　（○）天候や気温
（○）地域の行事やイベント
（　）本部から指示された商品

③ コンビニエンスストアで，一番よく売れる商品について答えましょう。
① コンビニエンスストアでよく売れる商品はどこに置かれていますか。下から選んで（○）をつけましょう。

（　）入り口に一番近いところ
（○）店の奥の方
（　）店の真ん中

② なぜ①で答えたところに置かれているのですか。

（　）よく売れるので，ぬすまれないように。
（　）よく売れるので大切にあつかうため。
（○）店内を長く歩き，他の商品も買ってくれるように。

④ コンビニエンスストアの絵を見て答えましょう。
① あなたなら，買い物に行ったとき，店内をどのように歩きますか。歩くコースを矢印で書き込みましょう。
② なぜ，①のようなコースで歩くのですか。

略

82　(122%拡大)

P.83

情報を生かしてものを運ぶ
情報化した社会と産業の発展　　名前

① コンビニエンスストアに，商品が運ばれてくる順を表したものです。下の図は(A)～(D)にあてはまる言葉を下の〔 〕から選びましょう。

コンビニエンスストア → (A) 本部 → (B) 工場
→ (D) トラック ← (C) 配送センター

〔 配送センター　本部　トラック　工場 〕

② トラックでの商品の運ばんについて，答えましょう。
① どんな商品を運んで来るのでしょう。4つ書きましょう。

お弁当　おにぎり　牛乳　サラダ　お菓子
冷凍食品　雑誌　雑貨　など

② 1日におよそ何台のトラックが荷物を運んでくるか，下から選んで（○）をつけましょう。

（　）1台　　（○）7～10台

③ どうして，②で答えたような回数で運んで来るのでしょうか。下から2つ選んで（○）をつけましょう。

（○）店に品物を置いておく場所がないので少しずつ運ぶ。
（　）大きなトラックがないので，何回も運ぶ。
（　）トラック運転手さんから要求があったのでこの回数になった。
（○）売り切れて品物がなくならないように，売れる時間に届ける。

③ 店が品切れにならないように品物を届けるため，本部ではどのように情報を活用しているでしょう。□ にあてはまる言葉を下の〔 〕から選びましょう。

店から送られた情報で，商品の 売れた 数や 在庫 の数をつかんで配達できるようにしています。商品を運ぶトラックが どこにいるか もわかるようにして，決められた 時間 に商品が届くようにしています。

〔 商品　どこにいるか　売れた　時間　在庫 〕

④ 買い物に行きにくいお年寄りや，近くにコンビニがない人のために，どんなサービスをしているか調べてみましょう。

注文を受けて，品物を配達する。
移動販売車が品物を積んで売りに行く。

83　(122%拡大)

P.84

情報活用によるサービスの広がり
情報化した社会と産業の発展　　名前

① コンビニエンスストアでは，インターネットを利用したさまざまなサービスもされています。

① コンビニエンスストアに置かれていてお客が利用できるものに（○）をつけましょう。

（○）マルチコピー機　　（　）公衆電話
（　）ゲーム機　　（○）銀行ATM（現金自動預け払い機）

② コンビニエンスストアで行っているサービスには（○），行っていないことには（×）をつけましょう。

（×）パスポートを発行する。
（○）住民票の写しや印鑑登録証明書がとれる。
（○）コンサートやスポーツの試合のチケットが買える。
（×）けっこんの届け出ができる。
（○）検定や入学の入学試験の申し込みができる。
（○）高速バスのきっぷが買える。
（×）病院の入院の手続きができる。

② コンビニエンスストアでは，銀行のようなサービスもしています。
① どんなことができるのか，知っていることを書きましょう。

（例）お金を預ける
お金を引き出す。
商品代金の振り込み
公共料金の納入　など

② ①のようなサービスのつには，コンビニエンスストアのどんな機械を使うのでしょう。

銀行ATM
（現金自動預け払い）機

③ コンビニエンスストアで①のようなサービスもしているのはなぜでしょう。□ にあてはまる数や言葉を〔 〕から選びましょう。

コンビニエンスストアは銀行より店の数が 多く ，いろいろなところに店があります。また， 24 時間営業のコンビニエンスストアなら いつでも お金の出し入れができます。そのため，銀行より利用 しやすく なります。コンビニエンスストアにとっては，利用する人が増えれば，ついでに 買い物 をしてくれる人も増えるので，都合がよいのです。

〔 しやすく　多く　いつでも　24　買い物　いろいろ 〕

84　(122%拡大)

P.85

広がるインターネットの利用 -あふれる情報-
情報化した社会と産業の発展　　名前

① 下の絵のもので，50年以上前から使われていたもの3つを選んで書きましょう。

テレビ
新聞
固定電話

テレビ　パソコン　携帯電話
スマートフォン　新聞　固定電話

② 右のグラフは，おもな情報機器の世帯（家庭毎）保有率です。グラフを見て，問いに答えましょう。

① 増えているのは何ですか。

スマートフォン
タブレット

② 多くの世帯に普及しているのは何ですか。

スマートフォン　パソコン

③ インターネットを利用して，どんなことができるでしょう。（例）様々な料金の支払いができる。

（例）ホームページなどでいろいろなことを調べる。
SNSを使って情報を得たり伝えたいことを発信する。
商品を注文したり，イベントの申し込みをする。

④ 2012年6月29日（金）に，首相官邸前に20万人の人が集まりました。
① この人たちは，何のために集まってきたのでしょう。右の絵を見て，下から1つ選んで（○）をつけましょう。

（　）消費税の引き上げに反対。
（　）憲法9条を守る。
（○）原子力発電所をなくしたい。

② ここに来た人の多くは，何でこの集会があることを知ったのでしょう。下から1つ選んで（○）をつけましょう。

（○）ツイッターなどインターネットの情報で知った。
（　）労働組合から参加するように連絡があった。
（　）電話やチラシで参加を呼びかけられた。

85　(122%拡大)

P.86

情報活用のルールとマナー
情報化した社会と産業の発展

① インターネットと他のメディアを比べて，□□□にあてはまる言葉を〔　〕から選びましょう。

① インターネットとテレビでは，情報を送る側の違いは何でしょう。

テレビは，| テレビ局 |の人たちが，| 打ち合わせ |や協力をするなど十分な| 準備 |をして情報を送ります。

インターネットでは，| だれ |でも，| かんたん |に情報を送ることができます。

〔 だれ　打ち合わせ　かんたん　準備　テレビ局 〕

② インターネットと新聞では，情報を受ける側のちがいは何でしょう。

新聞は，お金を払い| 購読 |をして情報を受け取ります。

インターネットは，パソコンや| スマートフォン |があれば，| だれ |でも| いつ |でも見ることができます。

〔 購読　いつ　スマートフォン　電話機　だれ 〕

② インターネットの広がりでどんなこまったことが起きるか，グラフから考えましょう。

① 一番多い相談は何ですか。

| さぎ・悪質商法 |

② 2017年には，子どもの被害は，およそ何人ですか。

| 1800人 |

③ 2017年の被害数は2008年のおよそ何倍になっていますか。

| 2倍 |

③ 自分たちが情報を送るとき，利用するときに気をつけることを書きましょう。

（例）他人を傷つけるような情報は送らない。正しい情報かどうかを確かめてから送る。

（利用するとき）情報をそのまま受け入れないで，比べたり自分で確かめたりする。

86　(122%拡大)

P.87

自然災害が多い日本
わたしたちの生活と環境

① 日本で起きた大震災について，①②の説明を読み，震災名，発生年月日，ぎせい者（死者）や行方不明者の数を〔　〕から選んで答えましょう。

① 淡路島で起きた地震によっておもに神戸市や淡路島で多くの建物が倒れたり，火災が起きた。

震災名| 阪神・淡路 |大震災
年月日| 1995年1月17日 |
ぎせい者数| 6437 |人

② 三陸沖の海底で起きた地震で大津波が発生した。津波に大勢の人がのみこまれ，建物・船・車などが壊れたり流されたりした。

震災名| 東日本 |大震災
年月日| 2011年3月11日 |
死者・行方不明者| 1万8440 |人

〔 東日本　阪神・淡路　1995年1月17日
　2011年3月11日　6437　1万8440 〕

③ ②の大震災の時には，震災が原因で，もう一つ大きな事故が起こりました。それは何で，どんな被害が起こりましたか。□□□にあてはまる言葉を〔　〕から選びましょう。

| 福島第1原子力 |発電所が事故を起こし，広い範囲が| 放射能 |に汚染されました。今でも，| 核燃料 |の処理ができず，| 汚染水 |が増え続けています。汚染地域の住民は，今も| 避難生活 |を続けている人がいます。

〔 放射能　避難生活　汚染水　福島第1原子力　核燃料 〕

② 日本では，地震や津波のほかにどんな自然災害がありますか。

| 火山のふん火 | 台風 |
| 大雨 | 大雪など |

③ 日本で自然災害が起こりやすい原因を4つ選びましょう。

○ 太平洋を取りまく火山帯に日本列島がある。
○ 日本の川は細くて急流が多い。
（　） 木や草が育たない土地が多い。
○ 台風が通るコースになっている。
（　） 日本列島は海岸線が入りくんでいる所が多く，島が多い。
○ プレートとプレートの境目でずれなどが起きる。

87　(122%拡大)

P.88

地震災害への取り組み
わたしたちの生活と環境

① 地震が起きると，どんな被害が発生するでしょう。□□□にあてはまる言葉を書きましょう。

① 線路や| 道路 |が分断されて，列車や自動車が動けなくなる。
② 土砂| くずれ |が起きて，道路や家がうまってしまう。
③ | 火災 |が発生して，町を焼いてしまう。
④ 他にどんな災害が起こるか，わかることを書きましょう。

（例）建物がこわれたり，割れたガラスや看板などが落ちてくる。電気，ガス，水道などが止まる。

② 被害を防ぐため，国や県などが行っている取り組みについて，□□□に当てはまる言葉を〔　〕から選びましょう。

① 学校や地域で| ひなん訓練 |を行う。
② | ハザード |マップを作り，危険な場所を知らせる。
③ | 緊急地震速報 |を出して地震の危険を知らせる。
④ 学校やその他の建物の| 耐震工事 |を行う。

〔 緊急地震速報　暴風警報　耐震工事
　ロード　ひなん訓練　ハザード 〕

津波災害への取り組み
わたしたちの生活と環境

① 津波の説明を下から選んで（○）をつけましょう。

（　） 海の水が大きな渦をまく。
（○） 海の水が波のように高くなり陸地に押し寄せてくる。
（　） 山の土砂が勢いよく流れ落ちてくる。

② 津波が起こる原因や被害について□□□にあてはまる言葉を〔　〕から選びましょう。

| 海底 |でプレートがはね返って| 地震 |が起こり，そのため| 海水 |が大きく動いて津波が起こります。

東日本大震災では，大勢の人が津波に| 流され |てなくなりました。| 田畑 |が海水につかって，作物が| 育たなく |なりました。

〔 大陸だな　流され　地震　海水　育たなく　田畑　海底 〕

③ 津波災害を防ぐため，どんな取り組みがされているでしょう。

① 津波を防ぐ| 防潮堤 |を海岸に造っている。
② | 防災 || 訓練 |や防災教育をしている。

（例）津波避難タワーを造っている。

88　(122%拡大)

P.89

風水害・火山・雪害への取り組み
わたしたちの生活と環境

① 大雨や台風でどんな災害が起こるでしょう。□□□にあてはまる言葉を〔　〕から選びましょう。

① 短時間に激しい雨が降ったり，大雨が続くとどんな災害が起こるでしょう。

| 川 |のていぼうが切れて，住宅や| 田畑 |が浸水する。がけ| くずれ |や地すべりがおきて，| 家 |がつぶれたり埋まったりする。

② 強風でどんな災害が起こるでしょう。
木や建物が倒れたり，物が| ふきとばされ |たりする。

〔 田畑　家　木　くずれ　川　ふきとばされ 〕

② 台風や大雨の被害を防ぐために，わたしたちはどんなことをすればいいでしょう。

（例）ひなん情報を聞いて，安全なところへひなんする。

（例）風に飛ばされそうな物を家の中に取り入れる。

③ 風水害を防ぐための国，県や市町村の取り組みについて□□□にあてはまる言葉を〔　〕から選びましょう。

土砂が流れ出すのを防ぐために砂防| ダム |を造り，川の| ていぼう |を高くしています。| ハザード |マップを作って危険な場所を知らせ，ひなん| 場所 |を設けています。危険がせまってきたら，注意報や| 警報 |が出されます。| ひなん |指示が出されることもあります。

〔 ハザード　ひなん　ていぼう　場所　警報　ダム 〕

④ 今までにどこで火山の噴火がありましたか。知っているものを1つ書きましょう。

（例）箱根　御嶽山　桜島　有珠山

⑤ 火山の噴火に関係のある文に（A）大雪の災害に関係のある文に（B）を書きましょう。

（B） 道路の凍結など防いだり，除雪作業が必要になる。
（A） 溶岩が流れ出し，火災が起こる。
（B） 北海道や東北，北陸地方などでよく起こる。
（A） 火山灰が降って，作物に被害が出る。

89　(122%拡大)

児童に実施させる前に，必ず指導される方が問題を解いてください。本書の解答は，あくまでも１つの例です。指導される方の作られた解答をもとに，本書の解答例を参考に児童の多様な考えに寄り添って○つけをお願いします。

P.90

日本の森林
わたしたちの生活と環境
名前

① 右のグラフから，日本の国土にしめる森林の割合についてどのようなことがわかりますか。

主な国の国土にしめる森林の割合

(例) 日本は森林の割合が大きい。世界平均の２倍以上になっている。

② 森林は，わたしたちの生活にどのように役立っているでしょう。□にあてはまる言葉を〔 〕から選びましょう。

森から切り出された木材から 家 や家具などがつくられます。間伐材からは わりばし がつくられたり，細かいチップにして，バイオマス燃料として 発電 に使われます。 紙 も木から作られ，ノートや本などになります。

また，森の中で ハイキング などで 自然 が楽しめます。

〔 わりばし　自然　紙　家　発電　ハイキング 〕

森林とのかかわり
わたしたちの生活と環境
名前

① 森林破壊の原因を，下の絵を参考にして考えましょう。

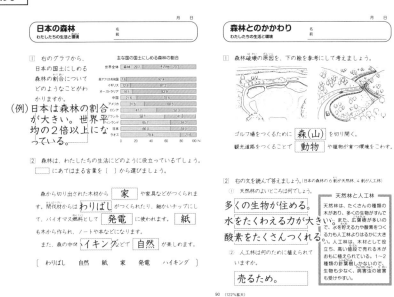

ゴルフ場をつくるために 森(山) を切り開く。

観光道路をつくることで 動物 や植物が育つ環境をこわす。

② 右の文を読んで答えましょう。(日本の森林の6割が天然林、4割が人工林)
① 天然林のいいところは何でしょう。

多くの生物が住める。水をたくわえる力が大きい。酸素をたくさんつくれる。

② 人工林は何のために植えられていますか。

売るため。

天然林と人工林

天然林は，たくさんの種類の木があり，多くの生物がすんでいる。また，広葉樹が多いので，水を貯える力や酸素をつくる力も人工林よりはるかに大きい。人工林は，木材として役立ち，高い値段で売れる木がおもに植えられている。1～2種類の針葉樹しかないので，生物も少なく，病害虫の被害も受けやすい。

P.91

森林を育てる仕事
わたしたちの生活と環境
名前

① 植えられた木が育って切り出されるまでの仕事について，□にあてはまる言葉を〔 〕から選びましょう。

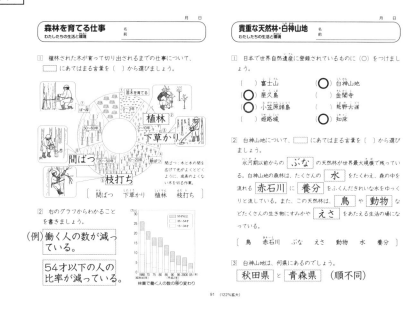

植林
下草がり
間ばつ
枝打ち

〔 間ばつ　下草がり　植林　枝打ち 〕

② 右のグラフからわかることを書きましょう。

(例) 働く人の数が減っている。

54才以下の人の比率が減っている。

林業で働く人の数の移り変わり

貴重な天然・白神山地
わたしたちの生活と環境
名前

① 日本で世界自然遺産に登録されているものに（○）をつけましょう。

( ) 富士山　　　（○）白神山地
（○）屋久島　　（ ）金閣寺
（○）小笠原諸島　(）熊野古道
( ) 姫路城　　　(○) 知床

② 白神山地について，□にあてはまる言葉を〔 〕から選びましょう。

氷河期以前からの ぶな の天然林が世界最大規模で残っている。白神山地の森林は，たくさんの 水 をたくわえ，森の中を流れる 赤石川 に 養分 をふくんだきれいな水をゆっくりと渡している。また，この天然林は， 鳥 や 動物 などたくさんの生き物にすみやかに えさ をあたえる生活の場になっている。

〔 鳥　赤石川　ぶな　えさ　動物　水　養分 〕

③ 白神山地は，何県にあるのでしょう。

秋田県 と 青森県 （順不同）

P.92

森林のはたらき
わたしたちの生活と環境
名前

● 森林はどんなはたらきをしているのか，絵に色をぬり，□にあてはまる言葉を〔 〕から選びましょう。

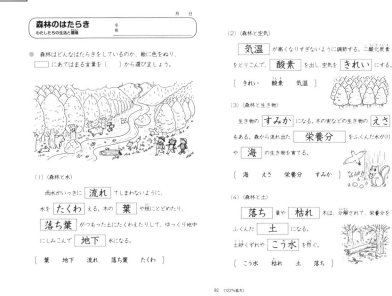

(1) 〈森林と水〉
雨水がいっきに 流れ てしまわないように，水を たくわ える。木の 葉 や枝にとどめたり， 落ち葉 がつもった土にたくわえたりして，ゆっくり地中にしみこんで 地下 水になる。

〔 葉　地下　流れ　落ち葉　たくわ 〕

(2) 〈森林と空気〉
気温 が高くなりすぎないように調節する。二酸化炭素をとりこんで 酸素 を出し，空気を きれい にする。

〔 きれい　酸素　気温 〕

(3) 〈森林と生き物〉
生き物の すみか になる。木の実などの生き物の えさ もある。森から流れ出た 栄養分 をふくんだ水が川や 海 の生き物を育てる。

〔 海　えさ　栄養分　すみか 〕

(4) 〈森林と土〉
落ち 葉や 枯れ 木は，分解されて，栄養分をふくんだ 土 になる。土砂くずれや こう水 を防ぐ。

〔 こう水　枯れ　土　落ち 〕

P.93

生活が便利になる一方で
わたしたちの生活と環境
名前

① 高度経済成長の時代に川のよごれがひどくなりました。その原因と考えられるもの３つに（○）をつけましょう。

（○）工場からの排水　　( ) 自動車の排気ガス
( ) ビルの建設工事　　（○）すてられたごみ
( ) 台風や大雨の被害　（○）家庭からの排水

② 高度経済成長の時代から，公害が全国に広がりました。
① どんな公害がありますか。

(例) 大気汚染(空気のよごれ)
水質汚濁(水のよごれ)
悪臭(いやなにおい)
騒音(さわがしい音)

② 下の円グラフは2017年の公害苦情受付件数の割合をあらわしています。1，2位を書きましょう。

1 騒音
2 大気汚染

その他 19%
騒音 23.4%
水質汚濁 8.7%
廃棄物投棄 12.9%
大気汚染 21.7%
悪臭 14.3%
公害苦情相談 2020/21

③ 最近スーパーなどのレジ袋が有料になってきています。これは何のためなのか，下から選んで（○）をつけましょう。

( ) お店のもうけを増やすために有料にした。
（○）プラスチックゴミを減らすためにやっている。
( ) いろいろな買い物袋を広めて売るため。

④ 身の回りで使われているプラスチック製品を書きましょう。

(例) ペットボトル　プラスチックトレイ

⑤ プラスチックゴミには，どんな問題があるのでしょうか。□にあてはまる言葉を〔 〕から選びましょう。

プラスチックで作られたレジ袋やトレーなどの多くは，1回使ったら 使い捨て にされています。 石油 から作られるプラスチックは，自然の中では 分解 されずに残ります。

大量のプラスチックゴミが陸地や 海 をよごし，細かい粒となって， 生き物 たちの体内にもたまり続けています。

〔 石油　海　使い捨て　生き物　分解 〕

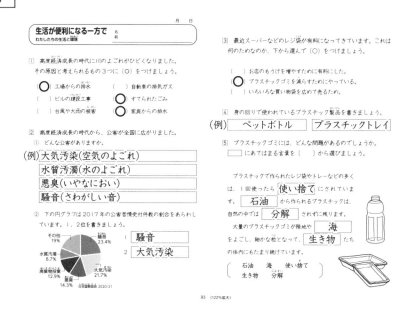

P.94

美しい自然環境をとりもどし・守る
わたしたちの生活と環境

① よごれた川を美しくするための取り組みについて □ にあてはまる言葉を〔 〕から選びましょう。
・生活排水が流れこまないように **下水道** を整備した。
・工場排水が流されないように **法律** で規制した。
・地域の **住民** の運動、府県や市が条例をつくるなどして、すてられる **ごみ** を減らそうとした。

〔 住民　工場　ごみ　法律　上水道　下水道 〕

② 京都府の鴨川条例では、どんなめいわく行為が規制されているでしょう。右の絵を見て3つ書きましょう。

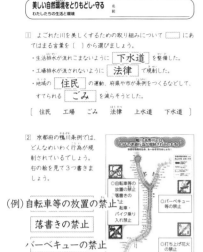

(例)自転車等の放置の禁止

落書きの禁止

バーベキューの禁止

③ 国は公害の被害をなくすためにどんな取り組みをしたでしょう。下の年表を見て、答えましょう。

(例)いろいろな法律を作って、公害を防いだり自然環境を守ろうとした。そのための役所もつくった。

```
＝ 国の環境問題へのおもな取り組み ＝

1958年　工場排水規制法ができる。
　　　　工場からのよごれた排水をおさえる。
1967年　公害対策基本法ができる。
　　　　国、地方の行政、工場、住民の役割をしめす。
1968年　大気汚染防止法ができる。
　　　　工場等からの空気をよごす物質の排出をおさえる。
1970年　水質汚濁防止法
　　　　工場排水や家庭排水への対策
1971年　環境庁ができる。後に環境省に昇格
　　　　公害防止や自然環境保護に取り組む国の役所
1993年　環境基本法ができる。
　　　　公害防止や自然環境を守る基本を定めた。
```

④ 環境を守るために、自分たちができることを考えて書きましょう。

(例)ボランティア活動で、川のそうじやゴミ拾いをする。
ゴミを川や道ばたにすてたりしない。

94　(122%拡大)

P.95

地図で見る自然環境保護
わたしたちの生活と環境

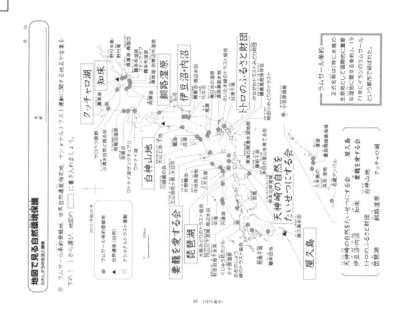

95　(141%拡大)

P.96

四大公害病
わたしたちの生活と環境

① (ア)～(エ)の県で発生した四大公害病の名前を書きましょう。

(ア) 熊本県	水また病
(イ) 三重県	四日市ぜんそく
(ウ) 富山県	イタイイタイ病
(エ) 新潟県	新潟水また病(第二水また病)

② 四大公害病の原因について説明した文について、あてはまるものに①のア～エを( )に書き入れましょう。

(イ)コンビナートの6つの工場から出るけむりで空気がよごされ、そこに住んでいた人たちが病気になった。

(エ)阿賀野川に流された工場はい水の有機水銀が魚の体内にたまり、その魚を食べて中毒になった。

(ウ)カドミウムをふくむ鉱山のはい水が神通川に流され、田畑と作物が汚染された。それを食べて病気になった。

(ア)有機水銀をふくむ工場はい水が水俣湾に流され、そこの魚を食べた人たちが中毒になった。

③ 次の病気や症状は、①の(ア)～(エ)のどれによって起きたものでしょう。( )にア～エを書き入れましょう。

① 骨がもろくなり、少し体を動かしただけでも骨折することがある。
(ウ)

② 手足がしびれ、目や耳が不自由になり、体を動かすはたらきも鈍まる。
(ア)(エ)

③ のどや鼻が悪くなり、はげしいゼンソクの発作が起こる。
(イ)

④ 公害病の被害者たちは、公害を起こした会社を訴えて裁判を起こしました。結果はどうなったか(○)をつけましょう

( )会社の責任は認められなかった。
(○)会社の責任が認められ、損害賠償が支払われた。
( )会社の責任は認められたが、損害賠償はなかった。

⑤ この判決をうけて、国はどうしたか考えましょう。

被害者の **医りょう** 費だけでなく、健康の回復、 **働く** ことができなくなった人や **亡くなった** 人の遺族の補償など、被害者の **生活** まで補償する **法律** がつくられた。

〔 働く　生活　医りょう　法律　亡くなった 〕

96　(122%拡大)

P.97

環境にやさしいまちづくり
わたしたちの生活と環境

① ゴミを減らして環境を守るため3R(スリーアール)とよばれる取り組みがあります。
① 3Rの3つの言葉と、それを説明している文を線でつなぎましょう。

リデュース　　あきびんの回収、不要品のゆずり合いなど、ものをすてないで何度も使う。

リユース　　使い終わったものを回収して、もう一度原材料やエネルギーとして再利用する。

リサイクル　　長く使える製品やつめかえ容器の製品をすてないで、ゴミになるのを減らす。

② ゴミを分別収集している地域がたくさんあります。何のために分別収集しているのでしょう。

(例)不要なゴミとしてすててしまわないで、リユースやリサイクルして活用するため。

② 川のよごれの主な原因として考えられるものを下から3つ選んで(○)をつけましょう。

(○)工場からの排水　　( )よごれた空気
( )野生動物のフン　　(○)家庭などからの下水
(○)すてられたゴミ　　( )下水処理場の排水

③ 川をきれいにするためには、国、県、市などでどのようなことをすればよいと思いますか。自分の意見を書きましょう。

(例)下水道を整備し、下水処理場で水をきれいにする。工場からよごれた水を流さないように基準をつくる。

④ 豊かな自然を守るための取り組みは、いろいろ考えられます。あなたは、どんな取り組みが大事だと思いますか。あなたが取り組んでみたいものを下から2つ選んで(○)をつけましょう。

略　( )開発などで自然がこわされないように法律をつくる。
( )自然のよさを知らせ、自然を守るようによびかける。
( )植林やゴミ拾いなどのボランティア活動をする。
( )自然保護地域をつくって動植物を守る。
( )自分の家や公園などに木や草花を植えて緑をふやす。
( )自然に親しめるようなイベントをおこなう。
( )自然を守る取り組みをするように国や県に要求する。
( )自然を保護する活動をする団体をつくる。

97　(122%拡大)

〈参考文献〉

社会科5年教科書　　東京書籍　「新しい社会5　上・下」

　　　　　　　　　　教育出版　「小学社会5」

　　　　　　　　　　日本文教出版　「小学社会5年」

改訂版まるごと社会科5年　　　喜楽研

新版まるごと授業社会5年　　　喜楽研

日本国勢図会 2019／20, 2020／21　　公益法人矢野恒太記念会

理科年表　丸善株式会社出版事業部

〈参考WEBページ〉

政府関係統計・資料等（総務省・農林水産省・経済産業省・財務省・内閣府・

　　　　　　　　　　気象庁・警察庁・資源エネルギー庁）

地方自治体関係統計・資料等（沖縄県・海津市・鯖江市）

各種団体等関係統計・資料等（焼津市漁業協同組合・東京都中央卸売市場・一般

　　　　　　　　　　社団法人全国海水養魚協会・日本自動車工業会・

　　　　　　　　　　めがねミュージアム・株式会社北嶋絞製作所）

コピーして授業・復習にすぐ使える
まるごと社会科プリント 5年

2021 年 4 月 2 日　第 1 刷発行

著　　　　者：羽田 純一
企 画・編 集：原田 善造（他 6 名）

発　行　者：岸本 なおこ
発　行　所：喜楽研（わかる喜び学ぶ楽しさを創造する教育研究所）
　　　　　　〒604-0827　京都府京都市中京区高倉通二条下ル瓦町 543-1
　　　　　　TEL　075-213-7701　FAX　075-213-7706
　　　　　　HP　https://www.kirakuken.co.jp/
印　　　　刷：株式会社 イチダ写真製版

ISBN:978-4-86277-321-0

Printed in Japan